JN435175

생후 3년 동안의 중요성과 몬테소리 교육의 실제

송미령

창지사

머리말

마리아 몬테소리는 그녀의 책 『어린이 탐구』(1948)에서 어린이를 미지의 존재로 불렀는데 맞는 말이다. 수많은 세월이 지난 지금까지도 정신분석학, 심리학, 정신의학, 소아과의 모든 원리들은 통합되지 않고 있고 아직도 인간교육에 영향을 미치는데 괄목할 만큼은 성공하지 못하고 있다. 특히, 생후 3년간은 우리의 가장 중요한 성격발달이 일어난다는 사실을 매우 잘 알고 있음에도 불구하고 여전히 미지의 존재로 남아 있다. 같은 기간에 아기들은 주로 부모들(또는 가족의 다른 어른들), 또는 일하는 부모를 가진 아기들은 특별한 기관에서 그들이 수행하는 중요한 임무에 알맞은 훈련을 제대로 받지 못한 교사진에 의해 교육받게 된다.

가족은 아기의 긍정적인 성장을 위해 가장 중요한 결정요소이다. 그러므로 부모는 자신들이 행복하고, 통합된 성격의 강한 인간을 키울 수 있는 열쇠를 쥐고 있다는 사실을 알아야 한다.

모든 아기들에게 내재하는 풍부함을 개발하기 위해서는 알맞은 도움이 필요하다. 그러한 개발이라는 것을 마리아 몬테소리는 "아기들로 하여금 성장하고, 완전한 인간이 되어 자기 자신을 실현하도록 해야 하는 사명"이라고 하였으며 엄청난 임무이기도 하다. 교육과정이 인생 전체를 대상으로 하는 것이 사실이라고 해도, 아기가 어릴수록 이 교육의 중요성은 커진다. 인생의 첫 몇 년간은 글자 그대로 인격형성의 기초를 만드는 근본이라고 생각해야 한다.

그리고 이 인격형성의 기초작업을 적절히 도와주기 위해서는 올바른 정보가 필요하다.

과학적 지식과 함께 아기에 대한 사랑이 있어야지 새로운 세계에 적합한 인간성장을 도와줄 수 있는 "새로운 교육" 과정을 제대로 시작할 수 있다. 새로운 세계는 적절히 사용된 훌륭한 기술적 힘으로 가득 차 있으며, 인류가 진정한 진보와 평화를 이룰 수 있을 것이다. 우리는 알맞은 방법으로 어린이들을 도와줌으로써 인류의 진보에 공헌할 수 있다.

마리아 몬테소리는 교육을 "인생에의 도움(Aid to life)"을 주는 것으로 불렀지만, 그것을 실현하기 위해서 교육자들은 그들의 역할과 기술의 중요성과 그 한계를 이해할 필요가 있다.

이 책의 목적은 태아기부터 세 살까지의 어린이가 앞으로의 인생을 시작하는데 적합한 도움을 주기 위해 그들에 대한 우리의 이해도를 높이기 위한 것이다.

1931년, 로마에서 한 연설에서 마리아 몬테소리는 "어린이를 이해하고 그들을 가르치기 위해서 우리는 우선 인생을 완전히 이해해야 한다."고 했다.

어린이를 더 잘 이해한다는 것은 우리 자신과 우리를 둘러싼 현실을 이해하는 가장 좋은 방법이다. 이를 위해서 우리는 인간을 둘러싼 관계의 전체적인 구조, 즉 인생설계를 염두에 두어야 한다. 모든 인간이 자신의 내부에 간직한 다양성은 오직 이 환경의 배경하에, 그리고 환경의 도움이 있어야 실현될 수 있다. 모든 개인적 변화는 새로운 정보가 들어오는 초기상태를 수반한다고 깊이 확신한다. 정보는 이 기간에 받아들여지고, 소화되고, 이해되는 것이다. 이 새로운 이해가 내적 변화를 창조하고 그 다음, 행동이라는 외적 변화를 만들어낸다. 지식, 이해 그리고 변화라는 교육과정이 인생을 만들어 가는 것이다.

교육의 주된 목표는 인간으로 하여금 자신이 누구인지, 성장하여 자기실현을 이룩하기 위해서는 무엇을 해야 하는지 알 수 있도록 도와주며, 나아가 그들 자신의 인생과 환경을 개선하는데 있어야 한다. 인생에 도움을 주는 교육이란 언제나 우리의 과거와 조화를 이루어야 하며 미래를 바라보는 것이어야 한다. 또한 어린이에 대한 지식이 우리 관심의 중심이 되어야 하며, 인간이 감성적, 지적, 정신적으로 통합된 높은 수준에 이를 수 있는 새로운 형태의 교육의 기본이 되어야 한다.

2009년

저자

목차

Part 1 _ 생후 3년 동안의 중요성에 관하여

Part 2 _ 영유아를 위한 몬테소리 활동

Part 1 생후 3년 동안의 중요성에 관하여

Chapter 1 태아기의 생활

인간을 더 잘 이해하기 위한 노력으로, 과학연구는 끊임없이 생명의 가장 초기단계를 역추적해 왔다. 진보된 기술 덕분에 우리는 임산부의 자궁 속에 감춰진 생활의 일부분을 볼 수 있게 되었고 많은 흥미로운 점들을 발견했다. 오늘날 우리는 이 단계를 우리 인간발전에 있어 가장 중요한 단계의 하나로 보고 있다(그 기간 동안에 일어난 일들이 짧고도 긴 기간의 결과들을 낳을 수 있다).

착상과 임신은 우리 인간사의 첫째 장을 구성하며, 우리가 생후 얻는 경험과도 완전히 다른 환경 속에서 약 280일간 지속된다. 그러나 이런 특별한 환경 속에서도 많은 상호작용의 가능성들이 있으며 여기서 벌써 "인생에의 도움"을 주는 방법으로서의 교육을 시작할 수 있다.

아주 초기부터 인간은 정열적이며 매우 활동적으로 무엇이든 신체적, 심리적 성장에 도움을 줄 수 있는 어떤 종류의 자극을 찾는다.

레니 슈바르츠는 그녀의 책 『태어나기 전 아기의 세계』에서 태아기의 중요성을 강조하고 이 기간에 경험한 일들이 나머지 전체 인생에 어떻게 영향을 주는지 보여주고 있다. 그러므로 우리는 출생 전의 기간이 아기가 완전히 안전한 평온 무사한 시간이며, 문제들은 오직 탄생 후에만 생기는 것이라고 믿어서는 절대 안 된다. 인생의 다른 모든 단계들과 마찬가지로 태아기는 모든 종류의 긍정적인 또는 부정적인 요소들의 영향을 받는다.

우리가 임신 사실을 알게 되었을 때, 아기는 이미 인간으로서 진정한 시작을 한지 많은 날짜가 지난 후이다. 이 "인간"은 벌써 자궁으로 가기 위해 나팔관을 따라 3~5일 동안 여행을 했다. 자궁내막에 착상한 후에 환경, 즉 어머니와 복잡 미묘한 관계 및 대화체계를 발전시켜 나가게 된다. 이 새로운 인간은 이미 혈액순환을 하고 피가 있는 작은 심장을 가지고 있으며, 생명을 유지하기에 필요한 산소와 음식을 어머니로부터 제공받게 된다. 적어도 몇 주를 이런 식으로 임신 첫 단계를 보내게 되는데 바로 이 단계가 접합체 형성기이다. 그 다음 인간은 태아기에 들어가고 이 기간에 신체의 모든 부분이 빨리 형성되는데, 이런 큰일을 하는 데는 겨우 8~10주밖에 안 걸린다!

이 신체의 큰 변화는 거대한 양의 정신발달과 동시에 일어난다. 가장 놀라운 현상은 기억능력에 대한 것인데, 이것은 수태에서 시작해 신경조직이 성장함에 따라 발전을 계속한다.

태아기 동안에 정신적인 활동이 있다는 사실이 약간 이상하게 생각될 것이다. 사실 그 "정신적인 활동"이 무엇인지 정확하게 정의하기도 어려운데, 일반적으로 "정신적인 활동"이란 정보를 받아들이고, 대답을 하고, 경험을 쌓아가며 그것들에 적절히 반응하는 어떤 능력(어느 정도 복잡한지는 접어두고)이라고 정의할 수 있다. 이런 관점에서 보면, 모든 다른 생명체들도 그럴 수 있다는 것을 인정해야 할 것이다. 다만 다양한 정신작업의 양과 질이 문제가 된다. 예를 들어, 우리가 잘 알고 있듯이 단세포 생물들도 정보를 수집하고 그것들을 자신의 자녀세포에게 물려주고 있다.

면역성이나 조직재생 등과 같은 생명유지를 위해 필요한 생물학적 현상들이 날마다 진행되며, 그것을 통해 우리 신체의 모든 세포 안에서 얼마나 많은 지적, 정신적 활동이 이루어지고 있는지 알 수 있다.

신경계의 발달

생명이란 단지 어떤 환경 속에서의 가능성일 뿐이다. 그것을 생명체로 연결하기 위해서는 이해하고, 반응하고, 성장해야 한다. 우리별에 생명이 존재한지는 50억 년이 되었는데 아직도 말 그대로 양적, 질적으로 끊임없이 진화하고 있다. 생명체는 더 좋은 정보를 얻어 더 잘 적응하기 위해 점점 더 복잡해져 왔다. 새로운 세포들은 더 특수한 작업을 위해 특별한 능력을 가지고 생겨났으며 그 결과 신경, 뼈, 근육 등 새로운 조직들이 진화된 것이다.

환경에 대한 가장 간단한 이해나 반응은 단세포 생물에서도 볼 수 있는 것이지만, 삶이 더욱 복잡해짐에 따라 우리는 더 복잡한 신경계를 발달시켰다.

역사적으로 생명은 간단한 단세포 생물에서 시작되어 인간의 복잡성에 이르렀다. 우리 자신의 생명에서 보면, 우리 각자는 수태 순간의 단세포에서 시작하여 모든 진화를 복제하고 있다. 우리 신경계의 진화는 계속되는 성장, 확대, 분화의 역사다. 50억년의 진화가 우리의 신경계에 농축되어 있는 것이다. 우리의 무한한 가능성은 우리가 160만 개의 뇌세포를 가지고 있으면서도 단지 2~4%만 쓰고 있는 데서도 알 수 있다. 우리가 이 모든 가능성 있는 두뇌를 사용하지 않고 가지고 있다는 생각만 해도 정신이 번쩍 들지 않는가! 여기서 우리는 해부학과 생리학을 교육에 적용할 수 있다. 왜냐하면 인간이 발전하고 진화하도록 신경계를 자극하는 중요한 요소의 하나가 그들에게 주어진 환경이기 때문이다. 두뇌의 다른 부분들은 단지 기능하기 위해서만이 아니라 조화 속에서 함께 일하기 위해 자극 받는 것이며, 이것이 바로 "통합(Integration)" 이다. 이 모든 것이 생후 1년 안에 이루어져야 하며 따라서 이 기간에 교육은 무엇보다도 중요하다. 우리는 우리 자신이 두뇌의 전체 능력보다 훨씬 낮은 수준으로 기능 하면서 살고 있다는 것을 깨달아야 한다. 처음 시작부터 제공되는 더 나은 교육적 환경만이 이 능력을 일깨우는 유일한 방법이다. 신경계는 너무나 중요하기 때문에 엠브리오(embryo : 임신 8주까지의 태아)와 페터스(fetus : 임신 3개월이 지난 태아)의 중요한 부분으로 임신기간 동안 가장 빨리 발달한다. 이것은 머리가 몸의 다른 부분보다 상대적으로 큰 이유이다.

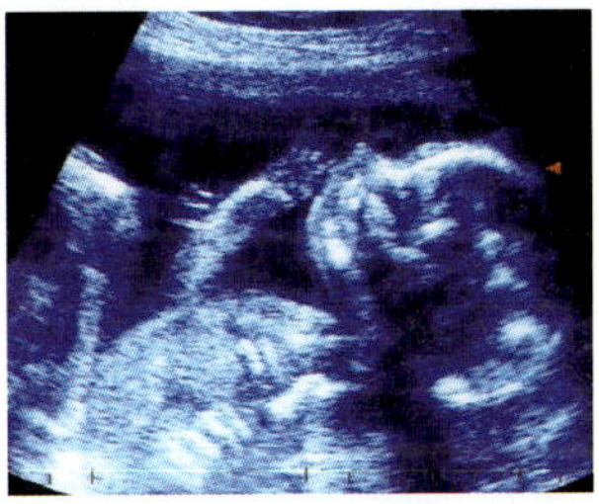

출생 시, 임신기간을 채운 아기 머리는 전체 키 4분의 1에 해당하는 크기이다.

뇌세포의 수는 임신 7개월에 최대치에 이르는 데, 태아기 동안 두뇌의 성장은 놀랍게도 매분 2만 개의 세포가 늘어난다. 마지막 3개월 동안에는 매분 정확히 2.2mg이 두뇌에 추가된다.

존스 홉킨스대학의 바이오 생물학자 마커서 존슨 교수는 "우리의 두뇌는 완벽한 도구이며 우리를 어디에든 데려갈 수 있다. 두뇌는 우리에게 우리가 지금까지 가능하다고 생각한 것보다 훨씬 더 풍부한 인생을 줄 수 있다."고 말했다.

우리는 교육에 대한 좀 더 과학적인 접근을 통해 그것을 더 잘 알아 볼 필요가 있다.

태아기의 감각적 풍부함

어머니의 자궁은 아무런 감각이 없는 곳이라는 개념은 이제 완전히 버려졌다. 태아기의 아기는 환경과 끊임없이 접촉하는 생명체이며 머리는 촉각, 후각, 미각, 청각, 시각의 순서로 발달되는 감각기관을 통제하면서 훨씬 빨리 발달한다.

신생아에 관한 최근 연구에 따르면 아기는 모든 감각들을 임신기간 중에 이미 사용한다고 한다. 태아기 생활을 하면서 아기는 그 환경 속에서 미래의 활동을 위한 작전을 준비하는데, 출생 전의 긴 기간에 빠른 속도로 무게와 크기가 늘 뿐만 아니라 감각 기능도 빠르게 성장한다. 감각발달에 관해 이야기해 보면,

1 피부

제일 먼저 생기고 가장 중요한 감각기관으로 임신 7~8주 후에 완성된다. 접촉이라는 감각은 우리 자신과 환경에 대한 정보의 일차적인, 가장 중요한 원천이다. 아기를 둘러싼 양수를 생각해 볼 때, 아기의 활동능력, 탯줄 그리고 아기의 손이 입 가까이 있다는 사실만 보아도 접촉의 감각이 끊임없이 자극 받으며, 환경과 관련 있다는 것이 확실하다. 접촉의 감각은 대화를 위한 기관으로서 작용하며 관계를 정의해 준다. 우리는 다른 모든 대화의 수단이 아직 없거나, 혹은 잃어버린 후에도 접촉의 감각으로 대화할 수 있으며 촉각자극에 의한 기쁨은 전 생애를 통해 유지된다. 주목해야 할 것은 무엇을 만진다는 것은 언제나 만져진다는 것을 의미한다. 따라서 언제나 상호성과 관계의 가능성이 존재하는 것이다. 게다가 접촉에는 또한 언제나 감정적인 영역이 있다.

네덜란드 Aptonomie(접촉의 과학) 대화연구소의 설립자 프란츠 펠트만은 미래의 부모가 어머니 배에 손을 대고 가볍게 눌러 줄 것을 권유한다.

4개월 이후부터 태아가 움직여 반응하는 것을 알 수 있다. 임신기간 중에 매일 이것

을 반복함으로써 부모는 자궁 안에 있는 살아있는 아기에 대한 감각을, 아기는 출생 후 가지게 될 정서적인 관계의 기초를 만들어 주는 "태아기의 정서적 애정"을 일깨울 수 있다. 아기의 두뇌는 자신이 받아들여지고 기다려지고 있다는 긍정적인 정보를 쌓아가는 것이다.

2 후각

임신 2개월이 되면 기능하기 시작하는데, 어머니가 섭취하는 음식은 양수를 통해 아기에게 전달된다. 이런 물질들은 아기에게 후각의 기억을 만들어주어 나중에 이유식을 할 때 이런 음식들을 받아들이기 쉽게 해줄 수 있다.

3 미각

임신 3개월이 되어야 활동한다.

시거나 달거나 쓴 물질은 양수를 통해 전달되면 아기는 그대로 받아들이거나, 찡그리거나, 움직이거나 해서 맛의 차이를 알 수 있다는 것을 보여준다. 양수는 엄마가 먹는 음식의 맛 중 몇 가지를 전해주기도 한다.

예를 들어 인도의 아기들은 카레냄새를, 남부프랑스의 아기들은 마늘냄새를 알아낸다. 실제로 아기들은 후일 그들이 처한 환경의 음식을 쉽게 받아들일 수 있게 해주는 태아기의 후각 기억을 가지고 태어난다.

4 귀

구조적인 발달은 임신 2개월에서 5개월 사이에 완성되는데, 화음에서 나오는 소리는 심장의 고동을 더 빠르게 할 수 있다. 태아기 동안에는 내부와 외부 양쪽에서 훨씬 많은 소리의 자극이 있다는 것에 주목해야 한다. 어떤 내부 소리들(엄마의 심장고동 소리, 호흡 등)은 24시간 계속 나는 한편 다른 소리들은 생활양식과 환경에 따라 달리 난다(엄마와 아빠의 목소리, 음악, 차 소리 등). 일본에서 한 연구를 보면 오사카 공항 근처에서 사는 엄마에게서 태어난 신생아들은 비행기의 굉음소리 속에서도 잘 수 있는 반면, 그렇지 않은 신생아들은 그런 소리에 짜증을 냈다. 태아들은 엄마의 말에서 특수한 특징적인 리듬을 흡수한다. 어떻게 보면 태아는 이미 말을 배우고 있는 것이다!

임신기간 동안에라도 아기에게 노래를 해주는 것 역시 중요한데, 엄마는 아기에게 몇 가지 특정한 노래를 불러줄 수 있다. 노래는 기억될 것이고 출생 후에 진정시키거나 안심시킬 때 큰 도움이 될 것이다. 프랑스 음악가 마리 루이즈 오쉐는 임산부들에게 "노래로 부른 모성애"를 경험시킨다. 그녀는 소리가 단순히 귀로 기억될 뿐만 아니라 몸 전체로 소리를 빠르게 받아들이며, 따라서 소리진동이 에너지를 주고 신경생리학적인 균형을 유지하도록 도와준다고 말한다. 깊은 소리는 다리와 골반으로 느끼며 높은 소리는 주로 가슴, 팔, 머리로 느낀다. 태아기의 "심리적 소리(Psychophonic)"의 경험을 한 어린이들이 더 섬세한 다리와 팔의 움직임을 보여준다는 것을 알 수 있다. 태아에게 말을 하는 것은 매우 중요하며, 노래를 해주는 것도 역시 중요하다. 이런 자극들은 머리와 몸에 하는 마사지와 같은 것이기 때문이다. 또한 노래하는 것은 엄마에게도 이로운데, 노래는 횡경막과 가슴, 골반의 모든 근육을 강하게 하며 이런 근육들은 바로 분만 시에 매우 필요한 것들이기 때문이다.

5 눈

임신 4개월이면 만들어지며, 빛을 받아들이는 모든 기능(광수용체)은 출생 전에 완성된다. 자궁은 생각하는 것처럼 어둡지 않으며 온도와 엄마의 생활양식에 따라 많은 변화가 있다. 태아기에 어떤 시각적 자극이 있는 것은 분명한 사실이며 신생아는 어떤 것이든 빛을 열심히 찾는다.

아기 자신에 관한 경험

위에서 설명한 모든 풍부한 감각들은 성장하는 아기들에게 자신에 대한 정보를 제공하고, 아기 자신이 "신체지도(Body Map)" 구성을 도와준다. 이 신체지도는 몸이라는 개체가 3차원적으로 존재하는 것을 금방 알게 해준다. 이 말은 몸의 모양뿐만 아니라 그 구성부분 간의 관계에 관한 이해도 의미한다. 신체지도 발달에 우리는 촉각과 자기인식을 활용하는데, 이것이 우리에게 끊임없이 우리 몸의 무게, 온도, 위치, 부피 등을 알려준다. 자신의 신체지도에 관한 지식으로 우리는 우리의 경계선을 확정하고 외부환경으로부터 우리의 몸을 구분하기 시작한다. 이렇게 하여 3차원 공간 속에서 움직이기 위한 서곡처럼 우리 삶의 기초를 결정한다.

신체지도를 결정하는 많은 결정요소가 있는데, 여기에는 양수의 양(상대적으로 변할 수 있다), 탯줄의 크기와 위치, 아기의 손발 움직임(특히 손), 자궁벽의 촉감과 자궁 안의 아기에게 다른 경험들을 제공할 수 있는 엄마의 생활양식 등이 포함된다. 흥미로운 것은 공간 안에서 이루어지는 인간의 움직임은 앞으로 인간 형성을 위해 자신을 환경에서 구별된 존재로 더 많이 경험할수록 나중에 주어진 환경에서 더 많이 하나의 개인으로서 성취할 수 있다.

임신기간 동안의 엄마와 아기의 관계

이제 임신을 엄마와 아기 사이에 발달하는 특별한 관계의 관점에서 바라보자. 그들의 생활은 모두 다른 생물학적, 심리학적 요소들에 의해 매우 달라질 수 있다. 생물학적 요소들은 쉽사리 이해된다. 엄마의 나이, 건강, 엄마가 섭취하는 음식의 양과 질, 엄마가 호흡하는 공기 등, 이런 모든 것들이 아기의 신체적 성장에 필요한 환경에 영향을 준다. 그러나 심리적인 요소들은 이해하기가 좀 더 어렵다. 인간 생명으로서의 이 특별한 기간에 한 사람(아기)이 다른 사람으로 이루어진 하나의 그릇 안에 머무는 것이다. 바로 엄마다. 아기의 정상적인 심리적 발달을 위해서는 살아있는 용기, 즉 엄마가 수용하는 태도를 갖는 것이 필수적이다. 임신에 있어서 이런 상황을 "기본적인 모성애의 믿음"이라 표현할 수 있다. 이 믿음이 아기에게 전달되어 아기의 발달에 하나의 조건이 되고 자극이 된다.

이런 조건이 존재할 때, 모든 감각경험과 그것들의 감정적 의미들이 진행되고 정신적인 만족감으로 변화되어 기억에 저장된다. 이것이 이름하여 "학습(Learning)"이며 이 과정을 통해 아기들은 생각을 시작한다.

그러나 엄마가 임신에 대하여 "기본적인 불신"을 가지고 있거나 임신을 무시하고 감정적으로 그것을 분리하려 하면 엄마와 아기 사이의 관계는 매우 달라진다. 모든 경험들은 진행되지 않으며 결과적으로 자극과 감각의 입력은 정신적인 만족감으로 변화되지 않는다. 이런 상황은 아기의 종합적인 발달과는 반대된다. 생명의 감정적, 인지적 구성요소들이 분리된 채 있으며 따라서 전체적인 정신발달과정이 크게 방해받는다.

우리는 임신기간 중의 엄마와 아기의 관계에서 모든 신체적, 심리적 생명체가 거쳐야 하는 "인간적인 중재"의 중요성을 분명히 알 수 있다. 환경이 즉각적이고 지속적으로 받아들여질 때 이 생명은 더욱 인간적이고 양이나 질적 측면에서 향상될 수 있다. 엄마의 환경이 아기와 엄마에게 모두 좋은 장소가 될 때 지식으로 발전될 수 있는 기능적인 정신의 모델이 제공될 수 있다.

임신기간 중의 광범위한 신경조직의 발달은 태아의 활동적인 생활과 정신이 어떻게 경험을 받아들이고 축적하는지를 설명해 준다. 이런 경험들이 출생 후의 삶에 영향을 줄 것이다.

태아심리학에 대한 지식은 예비부모에게 대단히 중요한데, 임신 때부터 예비부모의 아기를 도울 수 있고, 아기의 성장을 위해 더 좋은 환경을 제공할 수 있다. 부모로서의 교육적 역할은 곧 시작된다. 아기와의 상호작용은 가정에서의 첫 순간부터 의미가 있는데, 이미 그곳에 있던 가족 구성원들이 삶의 질을 개선하는데 도움을 줄 수 있다. 임신이란 부모에게 그들의 생활방식을 검토하는 기회를 제공해 주며 새로운 가족 구성원을 가능한 한 좋은 방법으로 도와주기 위해 생활방식을 향상시키려 노력하게 한다. 아기에게 줄 수 있는 가장 좋은 것은 사랑하는 관계다. 이것은 평생을 통해 결코 변하지 않으며 인간의 사랑은 기본적인 필수품이다.

Chapter 2

출생 : 분리와 귀속

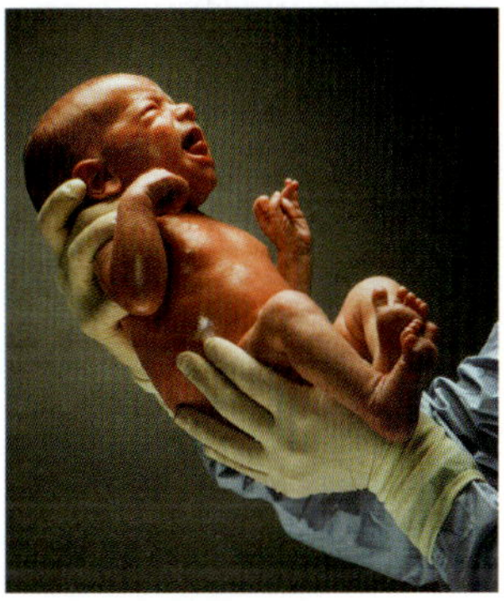

출생이란 절대적으로 필요한 것이기는 하지만 이전의 존재양식으로부터의 갑작스러운 분리이다. 태아기 때 아기가 자궁에서의 모든 가능성을 이미 사용해버리는 순간이 있는데, 이때 태반이 더 이상 자라지 못하고, 혈액의 양이 아기의 성장을 위해 충분히 공급되지 못하게 된다. 아기는 좀 더 많은 산소가 공급되고 모든 감각적 경험을 넓히며 더 완전하게 될 수 있는 넓은 장소를 찾아야 하는 것이다. 출생이 이런 기회를 제공한다. 아기는 이 새로운 환경에 오로지 자기 자신과 다른 어떤 생활에 대한 기억만을 가지고 온다.

자궁 안에서 그렇게도 필요하던 모든 것들이 밖에서는 전혀 필요 없는 것들이 되고 마는 것이다. 태반, 탯줄 그리고 양수는 더 이상 존재하지 않으며 새로운 상황에서는 아무런 의미도 없다. 그것들의 기능은 임신 중에 준비된 다른 기관들로 대체될 것이다. 출생은 이전 환경의 부분이었던 모든 것으로부터의 멋진 분리이지만, 상황을 자세히 들여다보면 자연이 변화를 쉽게 하는 방법으로 탄생을 준비해 왔으며 긍정적인 측면을 보여주는 것임을 알 수 있다.

이 모든 것의 열쇠는 바로 엄마인데, 엄마를 통해서 행복한 변화가 이루어진다. 사실, 바른 방법으로 지원 받지 못한 탄생에는 오직 "분리"만이 있을 뿐이다. 자궁을 통해 태어난 모든 포유동물은 곧 어미를 발견하게 되며, 어미 가까이에 있게 된다. 어미의 온기와 몸에서 나는 소리가 새로운 환경에서 새끼가 갖는 첫 경험이 된다. 어미는 또한 피부를 핥아주기도 한다. 새끼는 출생 후의 첫 시간들을 어미 곁에 붙어서 보내며 어미가 새끼에게 어미의 존재와 어미와의 우선적인 관계에 대한 확신을 준다. 어미의 도움으로 새로운 환경은 탐구되고 삶의 모든 새로운 가능성이 발견되고 인식된다.

그렇다면 왜 신생아에게는 이 모든 것이 간직되는 것이 불가능할까?

왜 우리는 자궁 밖에서의 삶에 긍정적인 시작을 제공해야 할 필요성을 잊어버리는 것일까? 어떻게 우리는 신생아가 다른 포유류의 새끼보다 무언가 덜 필요할 것이라고 생각할 수 있단 말인가? 출생 시 엄마와 아기의 관계는 보호되어야만 된다. 이 관계는 생물학적, 심리학적인 것이며 그들 모두에게 필수적이다. 이 관계만이 출생이라는 분리를 임신의 기본적인 특성이었던 결합된 삶을 비록 방법은 다르지만 재현해내는 새로운 귀속(Attachment)으로 바꿀 수 있다. 이 귀속은 외부의 잘못된 방해만 없다면 자연스럽고 이루기 쉬운 것이다. 엄마는 아기를 보고, 만지고, 팔에 안고 싶어하며, 아기는 엄마가 만지고, 안고 받아들여주기를 원한다. 삶은 완전하고도 지혜롭게, 빠르게 출생의 분리에서 엄마와 아기 모두에게 많은 이익을 주는 새로운 유대관계로 바뀌는 것이다.

외부 잉태의 개념

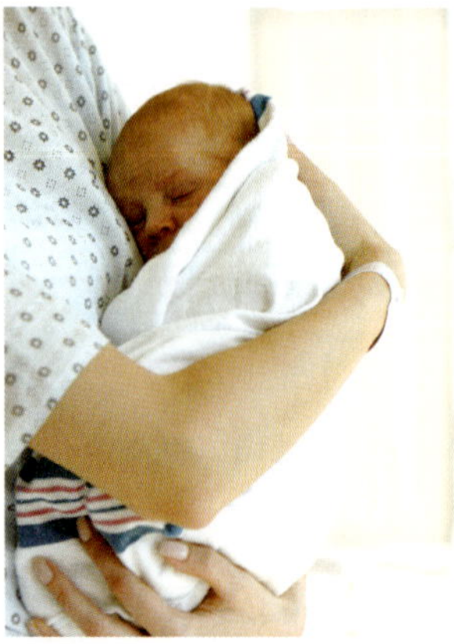

엄마와 아기는 함께 있어야 하며 같이 살아야 한다. 왜냐하면, 9개월의 임신기간 후에 아기는 아직 독립적인 생활을 할 준비가 되어있지 않기 때문이다. 이것은 어른의 입장에서 보면 주의를 요하는 흔치 않은 상황이지만 이 상황을 좀 더 잘 이해하면 부모는 아기에게 시작부터 제대로 해줄 수가 있다. 다시 말하지만 사랑과 지식이 인간의 "정상적인" 성장을 가능하게 한다. 종합적인 동작에서 볼 때, 아기는 아직 아마추어이며 엄마에게서 떨어져 기어서 어디든 가려면 8~9개월 정도 걸린다. 이때가 되면 아기는 새 환경의 음식을 먹고 소화할 수 있게 된다. 어떻게 보면 이 순간부터 아기는 적어도 생물학적으로는 엄마 없이 살아갈 수 있다. 독립적인 생활을 할 수 있는데 필요한 시간은 아기가 엄마의 몸에서 보낸 시간의 양과 동일하기 때문에 출생 후의 9개월을 하나의 "외적인 임신(external pregnancy)" 또는 외부잉태(exterogerstation)라 생각할 수 있다. 즉 내적인 임신의 연속과 완성으로 생각해야 한다.

우리는 왜 태아가 바깥 세계에 완벽하게 준비되기 전에 자궁을 떠나는지 자문해 볼 수 있다. 대답은 거대한 크기의 대뇌피질에서 찾을 수 있다. 9개월 후에 아기의 머리는 엄마의 골반 크기가 되는데, 이 중요한 이유로 아기는 밖으로 나와야만 하는 것이다. 이것은 제 2의 잉태라는 귀중한 기회가 있음에도 불구하고 불리해 보일지도 모른다. 그러나 이 기간에는 엄마의 팔이 그릇의 역할을, 가슴이 태반과 탯줄의 역할을 한다. 매우 확실한 생물학적 필요성 외에 외부잉태가 필요한 중요한 심리학적 이유가 있다. 신생아는 엄마에게 보살핌을 받는 동안 더 넓고 풍부한 인간환경에 들어가고 참여할 수 있게 된다. 따라서 아기는 더 많은 자극을 받아들이고 인간의 가능성을 개발시킬 수 있다.

아기의 큰 두뇌는 외부환경을 더 직접적으로 흡수하고, 글자 그대로 학습을 더 자극적인 방법으로 계속한다.

오직 인간만이 두 발로 걸으며, 언어를 사용한다. 이 특징적인 두 가지 능력은 그것들을 직접적으로 경험함으로써만 얻어진다. 만약 아기가 사람이 걷는 것을 관찰할 기회를 빼앗기고, 언어를 들을 기회가 없다면 아기는 결코 포유동물의 기동능력을 극복하지 못하고 인간의 목소리를 만드는 놀라운 장치를 사용할 수 없게 될 것이다. 그런 아기는 마치 좋은 피아노를 가지고 있으나 치는 법을 전혀 배우지 않은 사람과 같다!

그러므로 우리는 생후 9개월을 외적인 임신으로 생각해야 하며, 내적인 임신의 연속과 완성으로 생각해야 한다. 이 기간에 엄마는 아기에게 새로운 세계를 알려주면서 아기를 계속 도와주고, 이 기간만의 특수한 모든 기술을 습득할 수 있게 도와준다. 삶이란 한 어른이 아기를 보호해 주고 쉽게 성장할 수 있게 하는 모든 필요한 것들을 제공한다는 개념에서 "삶을 보조해줄" 준비가 되어있을 때 생물학적, 심리학적으로 계속될 수 있다.

마리아 몬테소리가 가르친 것처럼 출생부터의 교육은 필요한 "인생에의 도움" 이다.

신생아의 기본 욕구

신생아가 잘 구성된 한 사람의 인간이라는 것을 우리는 분명히 기억해야 한다. 잘 발달된 신경조직은 기능하고 있으며, 신생아는 이미 그의 기억 속에 많은 경험을 간직하고 있다. 모든 신생아들은 건강한 신체적, 심리적 성장을 위해 갖춰야할 기본적인 욕구가 있다. 모든 연구와 우리의 경험을 근거로 출생 후의 아기를 구성하는 중요한 욕구들을 나열해 보자.

최소한 5가지의 직접적이고 기본적인 신생아의 욕구가 있다.

1 엄마와의 직접적인 접촉

- 태아기의 판단기준을 다시 찾기 위해서
- "아들" 또는 "딸"로 인정받고, 엄마와 우선적인 관계를 성립하기 위해
- 엄마가 이 기간에 만드는 특별한 음식을 받아먹기 위해
- 엄마와 후일 모든 인간 대화의 모델이 될 수 있는 대화형태를 만들기 위해서이다.

신생아는 이미 이 목적을 위해 마음대로 다룰 수 있는 좋은 도구가 있는데 태아기 때 준비한 것으로 몸동작, 미소, 시선, 그리고 울음이 있다.

2 생리적 리듬을 따른다.

아기는 배고플 때는 젖을 먹어야 하고, 잠이 오면 잘 수 있어야 한다. 많은 산부인과의 일과는 고정되어 있으며 각 신생아에게 고유한 시간표를 만들어 주지 않는다. 아기들을 모두 깨워서 같은 시간에 엄마에게 데려다 준다. 엄마–아기의 관계를 벗어난 사람들에 의한 일정표인 것이다.

이것은 자신의 잠 리듬을 조정할 수 있는 아기의 능력을 방해하는 것이며 자기 내부의 요구에 시간을 일치시키기 더욱 어렵게 만든다. 이러한 첫 경험들은 후일 태양리듬에 적응하기 어려운 씨를 뿌리는 셈이 된다. 잠을 방해받으면 집의 환경에 부정적인 반응을 하게 되고, 아기와 부모 사이의 관계를 어렵게 한다.

3 있는 그대로의 질서.

아기는 그의 새 생활에 대한 판단의 기준을 세우고 싶어하고 혼란 없이 다른 환경으로 넘어갈 필요가 있다. 예를 들어, 아기가 먹고, 갈아입고, 몸무게 재는 장소를 일정하게 정해두는 것이 중요하다. 이런 반복적인 행동들은 곧 일치점을 찾게 되고 특수한 사람과의 관계발전과 환경에 익숙해지는 기회를 향상시키게 된다.

4 시야와 동작을 방해받지 않는 충분한 공간.

일반적으로 신생아를 위해 준비된 침대는 적당하지가 않다. 왜냐하면 그것은 작고, 기둥이나 다른 것들로 둘러싸여 주위 환경의 자유로운 시야를 방해하기 때문이다. 신생아는 매우 주의 깊고, 집중할 줄 안다. 아기는 침대기둥에 방해받지 않고 방안에 있는 물건들에 시선을 집중하는 연습을 할 수 있어야 한다.

태아기 때 태아는 언제나 그의 몸과 손발을 마음대로 사용해 활발히 움직인다. 신생아도 역시 움직일 수 있다. 그러나 그 움직임은 매우 느리다. 대개 아기에게 주어지는 침대는 너무 작고, 우리는 신생아에게 움직임을 방해하는 맞지 않는 옷을 입히는 경향이 있다.

5 모든 감각으로 새로운 환경을 탐구하려는 욕구.

신생아는 활동적이고 빈틈없는 한 사람이며 우리가 생각하는 것처럼 많은 잠을 필요로 하지 않는다. 태아기 때 태아의 감각의 풍부함이나 잠자는 양식을 생각해 보면 이것을 이해하기가 어렵지 않을 것이다.

불행하게도 대다수의 신생아에게 있어 탄생은 대개 그들을 지루하게 하고, 불행하게 하고, 주의를 끌기 위해서 울게 만드는 등 감각적인 박탈기간의 시작이다.

우리의 반응은 대개 그들의 입에 뭔가를 집어넣는데, 왜냐하면 우리는 그렇게 작은 인간은 오직 입의 만족만 요구할 것이라고 상상하기 때문이다! 그렇지 않다. 아기들은 큰 두뇌를 가지고 있으며 인간의 목소리와 음악을 듣는데 매우 흥미를 느낀다. 그들은 꽃들과, 나무들, 움직이는 것들 그리고 환경 속의 다른 물체들을 볼 수 있으면 기뻐한다. 그러나 하얀 천장과 충분치 못한 빛, 그리고 침대기둥들로 가로막힌 시야 속에서는 이런 흥미와 지식에의 욕구를 만족시키는 것은 아무 것도 없다.

우리는 신생아를 위해 풍부한 자극을 쉽게 제공할 수 있다. 어떤 비싼 기구도 필요하지 않다. 단지 신생아가 어떤 사람인지를 알고 지적인 사랑을 가지고 아기에게 다양한 경험을 제공할 "준비가 된 사람들"만 있으면 된다.

다시 한 번 말하지만 이것이 "인생에의 도움"으로서 교육의 의미이다.

Chapter 3

첫 6~8주 동안의 공생

공생의 의미와 이점

출생 후 첫 몇 주는 아기의 성에 있어 특별한 의미가 있으며 "공생(Symbiotic Life)"으로 불린다. 공생이라는 말은 "함께 하는 삶"을 의미하며, 두 생물이 자신들 삶의 연속과 그 질을 위해 서로에게 절대적으로 필요한 무언가를 주고받는 상황을 말한다.

엄마와 신생아의 경우, 이 공생관계가 6~8주 동안 지속되며 이들 두 사람이 무엇을 주고받는지를 보면 매우 흥미롭다. 엄마는 필요한 음식을 주고 그녀의 존재는 애정의 판단기준이 된다. 한편 신생아는 엄마에게 자신의 몸에서 나간 것이 없어진 것이 아니라는 위안을 주며 엄마와 우선적인 관계를 성립하게 된다. 그리고 젖을 빨아줌으로써 엄마의 자궁이 수축하여 정상적인 크기와 위치로 돌아가게 도와준다. 이것은 또한 출혈과 전염도 줄여준다. 두 사람은 출생의 중요한 순간을 극복하고 계속적인 관계를 변화시키기 위해 서로 도와줄 수 있다.

공생의 생활에는 엄마-아기 관계에 있어서 특별한 의미라고 할 수 있는 세 가지 형태의 접촉이 있다.

1 안기

아기를 안는 엄마의 이 단순한 행위는 매우 다양하다. 모든 것은 아기를 향한 엄마의 기분에 달려있다. 안아주는 몸의 접촉은 아기에게 엄마가 받아들여 주는 정도와 태도를 말해 주고, 새로운 환경으로 이동하기 쉽게 안심시켜 준다.

2 손놀림

이것은 우리가 옷 입히고, 기저귀 갈아주고, 목욕시키고, 그밖에 아기가 필요한 것을 해줄 때 우리가 손을 사용하는 방법이다. 이 모든 행위에는 엄마의 적극적인 감정이입이 필요하다. 엄마가 손을 아기와의 감정교류를 위해 사용한다면 아기에게는 그 자신과 주변의 세계에 대한 지식을 얻을 수 있는 기회가 된다.

3 먹이기

모유를 신생아에게 줄 경우만 생각해 보면 가슴으로 안고 먹이면 임신기간 때처럼 엄마와 아기가 다시 한 몸이 된 것 같은 특별한 귀속감을 주게 된다.

물론, 이것은 아기가 모유를 먹고 자신이 엄마와의 직접적인 결합점인 가슴에 안길 수 있을 때 가능한 일이다. 이렇게 신체적, 정신적 일체감이 회복되며 아기는 하루에도 몇 번씩 이 완벽한 일체감의 기쁨을 경험하게 된다.

만약 이런 모든 경험들이 첫 6~8주 말까지 가능하다면 아기는 신생아 때와는 현저하게 달라져 있을 것이다. 아기는 그 안에서 뭔가 정신에 필요한 조화가 이미 이루어진 한 사람의 인간이 되는 것이다. 이러한 정신적인 탄생의 순간이 생물학적 탄생의 순간과 일치하지 않는 것은 좀 더 직접적이고 인간적인 접촉이 필요하기 때문이다.

공생기간이 끝날 때쯤이면 아기는 그 세계관에 계속해서 영향을 미칠 새로운 환경에 관한 기본적인 지식을 이미 획득한다. 만약 이 시각이 긍정적인 것이면 아기는 세계에 대해 기본적인 신뢰를 가지게 되며, 세계가 자신의 욕구가 충족될 수 있는 장소라고 생각하게 될 것이다. 아기는 자신에게 사랑을 나타내고 있는 부모와의 직접적인 경험을 반복함으로써 외부의 세계가 자신에게 접촉, 자극 그리고 음식에 대한 욕구에 금방 응답해 준다는 것을 알게 된다. 그의 부름에는 항상 대답이 있으며, 아기는 엄마에 의해 보여진 환경을 믿을 수 있게 된다. 이러한 기본적인 믿음은 세계를 아름다운 장소로 받아들이고 아무리 상황이 어려워지더라도 외부적인 도움을 찾을 수 있다는 것을 믿는 긍정적인 인격을 만들어내게 된다.

생후 6~8주 동안에 일어났던 일들이 지니고 있는 의미는 인생 전체를 통하여 영향을 미치게 된다. 이 기간에 가능한 모든 주의를 기울이고 보살펴 주는 것은 우리의 책임이며, 이것은 엄마와 아기에게 모두 대단히 중요한 일이다. 부모들은 아기가 오는 것에 대해서 스스로를 준비해야 하며, 탄생과 공생이 시작되는 장소에서 특별히 지원을 받아야만 한다.

다시 한 번 우리는 이런 임무를 위해 사람을 준비시켜야 하는 중요성을 강조해야 한다. 마리아 몬테소리는 이 문제를 아주 잘 이해하고 있었으며, "유아보조자"의 역할을 정신적인, 육체적인 건강을 향상시키기 위한 수단으로 설정하였다.

우리의 사명은 삶을 시작하는 바로 그 순간부터 시작되어야 한다.

Chapter 4 엄마의 보살핌의 의미

엄마의 보살핌이란 무엇인가?

아기는 출생 시뿐만 아니라 출생 후에도 오랫동안 무력하다. 인생의 처음부터 사람에게 의지하기 때문에 도움을 주는 사람, 즉 그와 상호교감하고 엄마가 되어주는 특별한 사람을 필요로 한다. 우리가 역할과 사람을 결합해서 "엄마의 보살핌"이라고 부르는 것은 바로 이런 이유에서이다.

생존을 보장해 주는 그런 보살핌(엄마는 음식과, 체온을 유지하기 위한 옷을 제공하고, 필요하면 갈아 입혀준다)의 분명한 필요성 이외에도 우리는 엄마가 아기에게 제공하는 막대한 운동량과 감각적인 경험들의 중요성을 생각해야만 한다. 엄마의 보살핌 중 가장 중요한 특징은 아기에게 외부세계를 소개하는 것이다. 엄마와 함께 보내는 시간은 삶의 기본적인 요소들에 대한 정보를 받아들이는데 쓰인다(편안함, 몸의 접촉, 음식, 사회적 행동, 그리고 언어 등, 이런 것들이 세계를 모든 측면에서 이해하게 해준다).

또한 엄마의 보살핌을 받아들이는 것과 관련된 모든 동작과 감각적 경험들은 개인에게 성장의 기회를 제공하는데, 이것이 몸과 정신의 결합을 도와주고 나아가 아기의 정신 · 신체학적 통합을 얻게 해준다. 또한 자기 자신과의 좋은 관계를 맺게 해주며, 더욱 중요한 것은 내적인 안전과 안정을 갖게 된다.

아기 안에서 "성장하는 인간", 우리가 자아(ego)라고 부르는 이것은 보살핌을 주는 사람의 능력에 따라 하루 중 매시간 생겨나는 아기의 욕구에 부응하기 위해 힘을 강화한다. 아기는 자신의 욕구에 대한 반응을 기대할 수 있다는 것을 배우게 되며, 자신이 엄마를 부르는 힘을 경험하게 된다. 아기가 욕구를 가지고, 요구해서 긍정적인 대답을 받으면 그는 환경이 바른 통제하에 있는 것을 경험하게 된다. 낮 동안 엄마의 보살핌은 외부세계와의 관계를 새롭게 하고, 자아와 객체, 아기와 외부 현실 사이의 구분에 대한 올바른 이해를 키우게 된다. 그러나 아기의 응답에 대한 반응이 빠르고 엄마가 가득한 사랑과 깊은 관심을 보여준다 해도 언제나 아기의 욕구 중 한 부분만을 만족시킬 우려가 있다. 신생아 또는 어린 아기가 울면 우리는 젖이나 고무젖꼭지 등 무엇인가를 입에 넣어줌으로써 아기의 울음을 그치게 하려는 경향이 있다. 이런 반응은 일반적으로 아기의 진정한 욕구에 대한 오해와 우리 앞에 있는 "작은" 사람에 대한 우리의 잘못된 생각을 보여주는 것이다. 이것은 신생아(또는 어린 아기)는 언제나 먹는 만족을 원하고 음식에만 관심이 있다고 생각하는 많은 어른들의 편견을 보여준다. 신생아가 잘 발달된 두뇌를 가지고 있으며, 많은 정밀한 기능의 신경중추를 가지고 있다는 것을 기억하면 그러한 고정관념적인 반응을 피할 수 있다. 우리는 태아기 그리고 그 후의 몇 달, 몇 년 동안 아기의 특수한 상황을 심각하게 생각해야만 한다. 엄마는 항상 아기를 주의 깊게 살펴서 이해받지 못하는 고통스러운 상황이나 그가 외부로부터 필요한 모든 것을 얻지 못하는 일이 없도록 해야 한다. 보살피는 사람이 아기의 실제상황을 이해하고 그것을 밝혀내지 못한다면 아기의 강력한 정신이, 그것을 표현하는 신체능력의 지원을 못 받아 그 좌절이 고통스러움이 된다. 만약 이런 무기력감이 자주 일어난다면, 자아는 환경 속에 편하게 느끼는 것을 결코 배울 수 없을 것이며 계속되는 좌절이 뿌리박게 될 것이다. 아기는 모든 표현수단을 다 통제할 수 있게 된 뒤에도 지배감각을 전혀 느낄 수 없게 된다. 일찍 경험한 무기력은 두뇌 속에 나쁜 종류의 교훈으로 기억될 것이며, 그의 모든 신체적 능력이 변화된다 해도 아기의 미래의 삶을 결정하게 될 것이다. 아기가 말을 배우게 되고, 훨씬 후에 자신을 돌볼 수 있게 된다 해도 이 내적인 무력감은 살아있다. 그래서 세계는 외부의 도움이라고는 없는 적대적인 것으로 받아들여지게 된다.

수유를 위한 "안아주기(holding)"와 친밀함

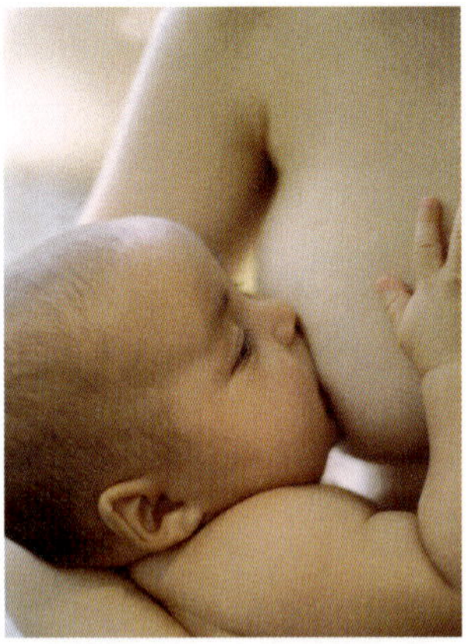

아기는 무기력하기 때문에 엄마의 모든 보살핌은 안아주기와 손으로 다루는 것으로 이루어진다. "안아주기"는 단순한 신체적 지지를 해주는 것보다 훨씬 많은 것을 의미한다. 자기 혼자서는 그렇게 할 수 없기 때문이다. 엄마의 팔에 안긴다는 것의 완전한 의미는 받아들여진다는 것이며, 이것은 아기가 새로운 환경 속에서 살아가기에 안전한 장소라는 정보를 전해준다. 우리는 아기의 느낌을 알아야 하고 마치 우리 자신의 일처럼 그들에게 반응해야 한다. 안아주기는 태아기와 비슷한 엄마와 아기의 결합을 다시 만들어준다. 안아주기는 생물학적으로, 심리학적으로 삶을 다시 공유하게 해준다.

출생 후에 아기를 안아주는 매우 의미 있는 방법이 있다. 아기에게 모유를 먹이기 위해서는 신생아를 안아주어야 하는데 그렇지 않으면 젖을 먹을 수 없기 때문이다. 생존을 위한 이런 상황에서 아기는 안겨서 단지 음식을 먹는 것 외에 친밀함과 사랑하는 관계를 위해서 '안긴다'는 중요한 변화를 갖게 된다. 반복되는 수유를 통해 아기는 인간에게 관련되는 방법과 단란함, 애정을 나누는 방법을 경험하게(배우게) 된다. 실제로 아기는 어른의 사랑에 대한 반응으로 기본적인 프로그램을 준비하고 있다. 이 프로그램은 긍정적이어야 하며 아기가 사랑, 존경 그리고 수용을 수반하는 관계를 가져야 하는 바른 정보를 가지고 있어야만 한다. 애정과 주체성을 잃지 않는 친밀함이 있어야 한다. 신생아가 아주 활발한 정신활동을 가진 매우 지적인 한 사람이라는 것은 우리가 아직도 받아들이기 어려운 생각이다. 우리들의 편견 때문에 아기의 모든 요구를 만족시키는 방법으로 아기에게 사랑과 보살핌을 보여주지 못하고 있다.

오늘날 우리는 신생아와 어린 아기들의 놀라운 능력에 대해 훨씬 많이 알게 되었지만, 많은 산부인과 병원에서는 아직도 그들의 기본적인 욕구들에 대해서는 충분한 고려를 하지 않고 있다. 부모들은 아기와의 관계에 나쁜 영향을 미칠 수 있는 잘못된 행동들을 배울 위험이 있다.

우리가 아기를 안을 때, 우리 팔 안에 완전히 성장하기 위해 우리의 도움을 기다리는 특별한 인생프로젝트가 있다는 것을 이해해야만 한다. 그 잠재력의 실현은 우리가 보살펴주는 수준에 달려 있으며, 이것은 우리가 어린 아기가 실제로 어떤 사람인가에 관해 깨닫지 못하는 한 결코 변하지 않을 것이다. "안아주기"란 아기에게 이러한 친밀함에 대한 우리의 기쁨, 나아가 아기의 존재에 대한 우리의 사랑, 존경 그리고 감탄을 전달해 주어야만 한다.

보살피는데 필요한 "다루기(handling)"와 사회적 상호교감 작용

아기를 먹이려 안아줄 때의 아기와 우리의 관계는 그를 "다루는" 것과는 매우 다르다. "다루는" 것은 주로 손으로 아기의 몸을 만지는 것인데, 아기를 입히고, 기저귀를 갈아주고 목욕시켜야 하는 중에는 몸의 접촉이 "안아주는" 것으로 정의될 수도 없고, 완전하지도 않은 것이다. "함께 있는" 모양이 다르며, 여기에는 엄마와 아기의 상호작용이 있어 더 다양해질 수 있다.

다루기는 대개 엄마 앞에서 바닥에 누워있는 아기에게 하게 되는데, 이것이 서로를 알게 되는 순간이 될 수 있다. 우리는 아기를 바라보고 아기는 우리를 바라보기 때문이다. 우리는 아기에게 웃을 수도 말을 할 수도 있다. 그러나 이 모든 것은 우리가 엄마의 보살핌을 그와 함께 시간을 보내는 특혜 받은 기회로 생각할 때에만 있을 수 있는 일이며, 또 우리가 아기를 진정한 능력을 가진 놀라운 사람으로 생각할 때에만 가능하다. 개인의 성장과정에서 협력자가 되어 줄 한 사람이다.

너무나 많은 부모들이 여전히 이 점을 간과하고, 신체적인 일들, 즉 기저귀 갈아주고, 옷 입히고, 목욕시키는 등의 일을 가능한 빨리 끝내려는 목적으로만 아기를 다룬다. 그렇게 되면 부모들이 잘 훈련되고, 능률적이고, 일을 잘 할 수 있게는 되겠지만 그들은 이 시간을 통해 가지는 만남은 실패하게 된다. 거기에는 인간적인 개입이 많지 않은데, 생각이 오로지 비감정적인 일과를 해결하는 데에만 있기 때문이다. 따라서 우리는 이런 일상적인 일들을 빨리 하려고 한다. 아기가 무슨 일이 일어나는지 이해할 수 있게 설명해 주는 대신 말을 안 하려고 한다. 우리가 해야 하는 것은 아기에게 우리의 행동을 단순하게 간단히 설명하고, 그의 몸 여러 부분을 만져주며, 이름을 부르고 협조해 달라고 요구하는 것이다. 이런 협조는 탄생 순간부터 시작할 수 있다. 단지 좀 더 많은 시간과 우리와 상호교감하고 싶어하는 한 지적인 인간, 아기의 기본적인 신뢰를 필요로 한다. 오직 아기의 협조를 얻어 엄마로서의 보살핌을 해줄 수 있을 때에만 우리는 "아기에게"가 아니라 "아기와 함께" 그 일들을 할 수 있다. 이렇게 우리는 가정에서 아기에게 중요한 위치를 정해주게 되며, 새로운 사람에게 다른 사람들이 얼마나 좋은지를 발견할 수 있는 가능성을 제공하게 된다. 이때의 메시지는 이러하다. "너는 우리와 함께 있고, 우리는 너와 함께 있으며, 함께 이 일들을 하는 것이 기쁘단다." 이런 방법으로 우리는 엄마의 보살핌을 아기의 사회적인 경험으로 바꾸어 가게 된다.

엄마의 보살핌 중에서 "손으로 다루기"는 아기에게 사회생활의 훌륭한 이점들을 가르쳐 주는 행복한 사회생활의 기회이다. 우리는 서로 좋아하기 때문에 같이 있고, 함께 즐겁게 할 수 있는 일들이 아주 많이 있다.

내적인 정신신체의 결합

우리는 탄생 직후 아기가 무기력하며 바로 이런 조건 때문에 아기는 엄마의 보살핌을 필요로 한다는 것을 보았다. 또한 안기는 것과 손으로 돌보는 것이 아기에게 많은 양의 경험을 제공하고 환경에 대한 지식을 넓혀 준다는 것을 보았다. 이미 언급한 대로 메시지는 이런 경험들을 통하여 전달되는 것이다. 이것이 아기에게 세상에 관하여, 그리고 그의 존재에 대해 사람들이 어떻게 반응하는지를 가르쳐준다. 그러나 이 모든 것에 더하여 엄마의 보살핌 속에서 뭔가 다른 것, 즉 인간의 성장에 대단히 중요한 어떤 것이 일어날 수 있다. 그것이 바로 우리 자아의 두 부분 신체와 정신의 결합이다.

이러한 결합을 향한 첫 번째 단계를 "통합(integration)"이라 부르며, 일반적으로 아기를 안아주는 방법에 의하여 공생기간 동안에 이루어진다. 이런 내적 정신세계의 결합 뒤에는 성장의 또 다른 중요한 단계인 "인격화(personalization)" 단계가 온다.

이 두 번째 단계는 손으로 돌봐주는 행동에 더 연관되어 있으며, 신체와 정신 사이의 결합을 강화해 준다. 아기는 무엇이 외적인 것인지 내적인 것인지 잘 구별하게 되고, 신체구조는 더 정밀해지고 다듬어진다.

"인격화"란 신체의 기능에 기초하고 있다. 그것들을 통해 아기의 전체적인 인격이 계속 통합되어 간다. 이제 아기는 신체적 욕구와 그것을 만족시키는 즐거움을 인간적인 방법으로 결합하기 시작한다. 이것은 또 다른 중요한 결과를 낳는다. 본능적인 충동이란 좋은 것이다. 왜냐하면 그것들은 긍정적인 방법으로 응답 받기 때문이다. 몸의 기능들이 기분 좋게 되고, 이런 이유로 정신은 그것들을 좋은 것으로 느끼게 된다. 이런 작용들은 아기의 지식에 추가되고 또한 그의 자아를 성립하는데 도움이 된다. 만약 엄마의 보살핌이 기분 좋은 시간에 그런 메시지가 머리에서 몸에 전달된다면 그것은 만족스러운 것으로 받아들여지고 외부세계와의 유쾌한 관계를 성립하게 된다. 신체는 정신과 조화를 이루고 두 부분은 더욱 더 상호 만족 속에 연결된다. 정신 · 신체의 결합이 이루어지며 이 결합은 인격형성에 있어 단단한 기초가 되는 것이다. 예를 들어, 화를 내는 것은 몸에서 느껴지는 욕구인데, 혈당량이 떨어져서 빈 뱃속에 불유쾌한 감각을 만들어낸다. 이 욕구는 머리에서 진행되어 아기는 잠이 깨고 도움을 청하게 된다. 만약 응답이 빨라서 젖이 주어지면 아기는 배고픔을 만족시켜 주는 음식뿐만 아니라 자신을 사랑하는 엄마의 존재까지 받아들이게 된다.

아기는 빈 배를 채우는 방법으로서 정보와 정신의 양식이 되는 많은 감각 데이터(바라다볼 얼굴, 들을 목소리, 신체접촉을 통한 따뜻함 같은 것들)를 통해 인간관계를 즐기는 방법을 배우게 된다. 이것은 감각(신체적) 정보와 신체의 즐거움에 대한 인식을 하는 정신적 과정인 지식으로의 변환 사이에 고리를 만들어준다. 신체의 모든 기능들은 자아를 위해 만들어졌으며, 자아에게 힘을 준다. 신체와 정신은 서로 도울 수 있고 그들의 결합은 점차로 강해진다. 신체는 욕구를 가지고 있고 정신은 이 욕구를 같은 신체를 이용해 바로 밖으로 내보내며, 신체를 통해 필요한 것을 받아들인다. 이것은 인간의 두 부분을 이용하고 그것들을 영원히 하나로 만드는 환경에 대한 아기의 올바른 힘의 경험을 수반한다. 사람들은 내적으로, 또 외부세계와 편안함을 느끼기 위해 자신의 안에서 정신 · 신체적 결합을 느낄 필요가 있다.

Chapter 5

아기와의 대화

단어의 광의적 의미에서 "대화"는 관계를 성립시킨다. 인간들은 언제나 그들의 환경과 또 서로 간에 대화할 수 있다.

식물에 관한 최근의 연구는, 식물의 세계에서조차도 생각했던 것보다 훨씬 많은 대화와 환경에 대한 이해가 있다는 것을 보여준다. 대화에는 여러 가지 수준이 존재하며, 대화의 수준이란 삶의 질을 의미한다. 대화한다는 것은 바로 산다는 것이다! 인간들은 분명 대화의 가장 큰 잠재력을 보여주며, 대화의 몇 가지 형태, 즉 말하기, 듣기, 쓰기 등은 인간에게만 있는 것이다. 진화를 통해 생명은 끊임없이 개선되었고 우리의 대화능력도 커졌다. 그러나 불행하게도 이 분야에 있어 우리의 많은 가능성들이 여전히 전무 또는 미미하게 사용될 뿐이다.

대화란 어느 시간에라도 계속되는 것이다. 우리가 환경과의 모든 대화를 끊고 싶어해도 그것은 불가능하다. 실제로 대화의 단절은 그 자체가 "나는 관계하고 싶지 않다"는 메시지가 된다. 환경 속에 있는 우리의 존재는 환경을 바꾼다. 우리는 우리가 하는 모든 행동 속에서, 우리 몸의 모든 부분—즉 얼굴, 팔, 손, 다리, 발, 옷, 그리고 말—들과 대화를 한다. 우리에게 관련된 모든 것이 환경과 대화를 하며, 이 일은 우리가 좋아하든 좋아하지 않든 일어난다.

우리는 이러한 무의식적인 메시지를 받아들일 수 있고, 그 중요성을 인정하기 위해 이것들을 좀 더 주의 깊게 주시하는 훈련을 해야 한다. 어린 아기들은 이런 능력이 필요한데, 특히 이들이 우리가 다른 어떤 형태의 대화보다도 좋아하는 말하기를 아직 배우지 못했을 때 그렇다.

환경과의 대화가 없이는 삶을 지탱해 가는 것이 불가능하므로 우린 대화를 하나의 인간의 기본 욕구로 생각해야 한다. 오늘날에는 메시지를 어디로든 빨리 보낼 수 있고, 쓰고 말하는 대화를 우리의 육체적 능력을 능가하는 방법으로 바꿀 수도 있다. 그러나 우리는 여전히 대화의 의미에 관해 자각할 필요가 있으며, 그렇지 않으면 소리와 의미들은 정말로 사람에게까지 도달하지 않을 것이다.

신생아와 무언(non-verbal)의 대화

출생 시에 우리가 만나는 아기는 오랜 과거(임신기간)가 있는 한 사람이다.

이 기간에 이미 많은 종류의 대화들이 시도되었다.

수태 며칠 후 자궁에 이르는 동안, 인간은 생존의 조건으로서 어떤 특별한 형태의 대화수단이 필요하다. 접합체는 융모를 만들어야 하는데 이것은 엄마에게 연결된 전화선과 같은 것이며, 따라서 두 사람은 서로 대화를 시작할 수 있다. 이 장치는 하루 24시간 작동하며, 생물학적 생존을 위해 필요한 산소와 영양소를 받아들이는 단순한 통로 외에도 분명히 더 많은 일을 한다.

임신이 진행됨에 따라 이 장치는 점점 커지고, 더 정교해져서 아기가 자라는 것을 도와준다. 이것은 처음부터 인간은 늘 자신의 생명을 지지해 줄 적어도 한 사람이 필요하며, 이 생명은 여러 가지 다른 대화를 이용해야만 유지될 수 있다는 것을 보여준다. 아기에게 적당치 않은 옷과 침대를 골라주는 것, 엄마에게서 떼어놓는 것 등은 새로운 환경과의 대화를 방해하는 것이며, 두 사람 모두에게서 그런 대화의 새로운 가능성을 발견하는 기쁨을 빼앗는 것이다.

신생아는 환경 속에서 몸의 여러 부분들을 주의를 끌기 위해, 환경과의 관계를 정립하기 위해, 그리고 자신이 속한 새로운 상황 속에서 자신의 힘을 시험해 보기 위해 움직인다. 이런 몸짓들에는 다음과 같은 것들이 포함된다.

① 머리, 팔, 손, 다리 그리고 몸통을 움직인다.

② 주위에 있는 사람들과 사물들을 응시한다.

③ 미소 짓는다.

④ 운다.

이런 대화의 각각은 여러 가지 변형이 있으며, 생기는 효과에 따라 더 많이 또는 더 적게 사용되는 것이다. 대화는 삶의 기본적인 질이며 아기의 탄생과 함께 곧 나타나서 반복되고, 환경과의 대화를 풍부하게 해준다. 환경으로부터의 응답이 적거나 없으면 아기는 상호작용을 빼앗기게 되어 대화의 양이 감소하게 되는데, 극단적인 경우에는 아기를 대답 없는 환경으로부터 유리시키기도 한다.

출생 시와 그 후의 며칠 동안 많은 일이 일어나기 때문에 신생아를 돌보는 일에 관련된 사람들은 더 충만한 인간성장을 위해 대화의 중요성을 확신해야만 한다.

엄마와 아기 사이의 특별한 대화

엄마와 아기 사이의 대화에는 "특별한"이라는 형용사를 붙일만한 가치가 있다. 왜냐하면 신생아는 금방 엄마를 편애하기 때문이다. 이것은 그들이 임신기간 동안 얼마나 긴 시간을 함께 보내왔으며 그들의 관계에 얼마나 많은 판단의 기준들이 생겼는지를 생각해 보면 놀랄 일이 아니다.

출생이란 인간에게 있어 하나의 전환점이며, 거기에는 성장을 위해 더 좋은 조건들이 주어져야 한다. 물론 이것은 대화도 마찬가지이다. 아기가 외부세계 속에서 또 여러 가지 풍부한 방법으로 엄마와 관계를 맺고 있기 때문이다.

아기는 주변의 모든 소리들 속에서 엄마의 목소리를 구별할 수 있으며, 이 목소리가 나는 곳으로 몸을 돌리기 위해 가능한 모든 노력을 한다. 만약, 주변에 두 가지 목소리가 있다면 아기는 언제나 엄마의 목소리를 더 선호한다.

아기에게 부드러운 톤으로 천천히 이야기하면 아기는 갑자기 집중하는 상태가 되며, 말하는 사람에게 주의를 기울인다. 그리고 곧바로 미소의 응답이 온다. 이런 경험이 반복되면, 그리고 낮 동안에 그런 만남의 순간이 자주 있으면 이 미소는 더 빨리 나타나고, 더 오래 지속된다. 아기는 그 목소리가 엄마에게서 오는 것을 이해하며, 엄마와 같이 자신의 입을 움직이려고 한다.

인간의 얼굴은 신생아에게는 특별한 의미가 있는 것이어서 아기는 집중적으로 그것을 연구한다. 엄마가 아기를 바라볼 때, 엄마의 얼굴은 아기의 식사시간에 완벽한 만족을 주기 때문에 가장 중요한 심리적인 요소가 된다. 이 얼굴은 아기가 가장 바라보고 싶어하는 대상이며, 거의 언제나 미소를 떠오르게 한다.

엄마와 아기가 이미 목소리를 통한 대화에 오랜 역사를 가지고 있다고 하더라도 그들은 시각과 촉각을 사용하여 이 대화를 더욱 풍부하게 할 수 있다. 새로운 생활은 과거의 기쁨들을 간직하면서 이 커다란 변화를 가치 있게 해주는 새로운 기쁨들을 추가한다. 웃을 수 있는 능력은 날 때부터 있는 것인데, 아기가 엄마의 얼굴을 보자마자 그녀의 존재에 대한 응답으로 곧 엄마와의 대화를 위한 수단이 되며, 아기는 사람들에 대해 긍정적으로 반응하는 것을 배우게 된다. 그러나 우리는 아기가 자라남에 따라 미소로 응답하는 것이 점점 선택적으로 된다는 것을 결코 잊어서는 안 된다. 처음 보는 사람들은 주의 깊게 관찰되며, 아기가 그들을 받아들이고 그들 쪽으로 미소 짓는 데는 일정한 시간이 소요된다.

눈과 눈을 마주보는 엄마와 아기 사이의 접촉은 출생 후 엄마가 드디어 아기의 얼굴을 볼 수 있게 되면 곧 시작된다. "아기가 어떻게 생겼을까?" 라는 엄마가 임신 중에 자주 해보는 질문은 이제야 그 대답을 찾게 된다. 엄마는 아기를 계속 쳐다보고 싶어하며, 말하고, 만지게 되는데 여기에 대해 시간만 충분하다면 아기는 눈을 뜨며, 둘 사이에 눈과 눈을 마주보는 접촉(교제)이 생겨난다. 이것은 그들의 관계에 있어 앞으로도 중요한 측면을 차지하게 된다. 목소리, 미소, 그리고 눈의 사용은 각 엄마-아기들마다 다른 방법으로 결합되며, 그들 간의 특별한 대화에 있어 "언어"가 된다. 이것은 어느 사랑하는 커플에게도 마찬가지이다. 우리 중 누구도 다른 상대방에게 같은 방법으로 똑같은 애정을 보여주지는 않는다. 우리는 그들 각자에게 때론 몸짓으로, 몸의 움직임으로, 그리고 그 커플의 관계 속에서만 의미 있는 진실되고 완전하게 의미를 가진 단어들과 문장으로 되어 있는 특별한 대화를 사용한다. 우리는 주어진 이름 대신에 그 커플의 관계 속에서 특별한 순간에만 사용되는 특수한 애칭을 사용하기도 한다.

풍부하고 잘 발달된 형태의 엄마-아기 간의 대화는 아기를 분리의 두려움에서 보호하는데 큰 도움을 준다. 이것은 아기에게 비록 엄마 팔 안에 있지 않아도 엄마와 대화할 수 있다는 것을 가르쳐 주는데 보고, 말하고, 미소 짓는 것이 일정거리에서도 가능하며, 꼭 닿아 있지 않아도 함께 있어주기 때문이다.

이렇게 해서 관계의 공간은 넓어지고 대화의 능력도 커진다. 아기는 엄마와 주위에 있는 다른 사람들과 점점 더 다른 사람으로 성장하면서 그 기쁨을 경험하게 된다.

대화와 지식

어른이 아기를 더 좋은 방법으로 돕고자 한다면 대화에 관하여 꼭 이해해야만 하는 한 가지가 있다. 모든 형태의 대화가 외부세계와 아기가 관계를 맺을 수 있는 사람들, 사물들에 관한, 그리고 자신에 관한 많은 정보를 제공한다는 것이다. 다시 한 번 우리는 내적 욕구가 인간의 다른 구성요소들의 성장을 위해, 특히 지식을 풍부하게 하기 위해 어떻게 계획되어 있는지 알아보기로 하자.

신생아들과 말 배우기 전의 아기들이 환경과의 대화를 위해 하는 모든 노력은 단순히 음식 또는 신체적 보살핌만을 위해서가 아니라는 것은 흥미롭다. 물론, 기본적인 후생을 위해 필수적인 것들이 있지만 그것들은 어떤 나이의 아기에게도 결코 주된 관심사가 아니다. 대화하기 위한 모든 노력은 환경으로부터 감정적인 그리고 인식 가능한 응답을 얻어내는 것을 목적으로 한다. 신생아는 손과 발로 모빌 만지는 것을 매우 쉽게 배우고, 그 결과 그의 행동이 일정한, 의도적인 결과를 만든 것을 깨닫게 된다. 이제 아기는 자주, 매우 분명하게, 그의 종합된 움직임을 통해 외부세계를 조절할 수 있다는데 대한 지적인 기쁨을 나타내며 미소 짓는다. 이런 자기발견의 중요한 행위는 아기가 자유롭게 움직일 수 있고, 어른이 아기의 능력에 대한 어느 정도의 신뢰가 있어서 그에게 적절한 사물들을 제공해 주었을 때에만 일어날 수 있는 것이다. 너무나 많은 신생아와 어린 아기들이 이런 기회를 갖지 못한다. 모두들 너무나 자주 무언가를 요구하거나 대화를 시작하려 할 때마다 잘못된 응답을 받는다(고무젖꼭지, 음식, 또는 아기 편에서 보면 어떤 적극적인 참여도 없이 어른들이 만들어낸 어떤 형태의 운동 등…).

우리가 아기들의 울음, 움직임, 미소, 쳐다보기 등에 어떻게 반응하는 가에 따라 쉽게 지식을 얻는 매체라는 것을 기억하면서 이 대화의 기회를 절대 놓쳐서는 안 된다. 이런 모든 행동들은 우리의 주의를 끌고, 대화하고자 하는 아기의 노력이기 때문이다.

Chapter 6

두뇌의 가능성과 흡수정신 (absorbent mind)

경이로운 두뇌

우리가 태아기와 인간성장에 있어서 이 단계의 중요성을 논할 때, 두뇌의 성장이 신체의 다른 부분들과 비교하여 얼마나 놀라운 것인지를 강조하였다.

신체 중 이 부분이 진화 단계에서 이르게 되는 엄청난 크기의 성장과, 그 기능의 양적 · 질적 증가와 출생 두 달 전에 완벽한 숫자와 세포를 갖게 되는 특혜 등에 관해서도 언급하였다. 두뇌는 정보를 받아들이고, 처리하고, 저장하는 작업을 계속하는데 이것이 주변 환경과 우리 자신을 연결하고 대화하게 해준다.

뇌세포는 약 160억 개 정도 되는데, 신경세포 또는 "뉴런(neurons)" 에 관해 살펴보자. 모든 세포들처럼 신경세포도 세포막, 세포질, 핵 그리고 두 가지 형태의 확장체(extension)를 가진다.

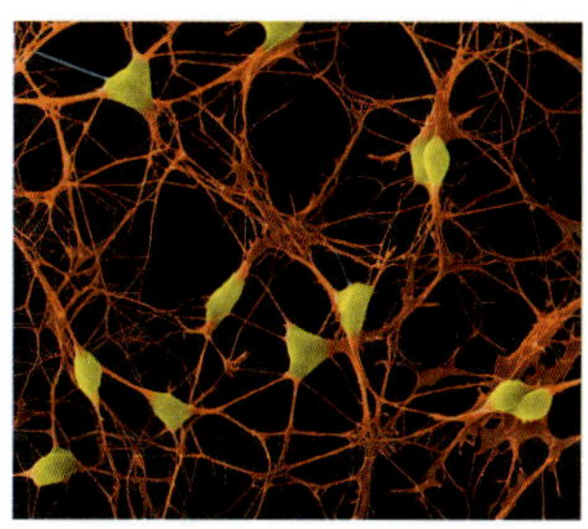

어떤 것들은 짧고, 나뭇가지처럼 뒤엉켜 있다. 이것들은 수지상돌기라 불리며, 다른 것들은 길게 늘어져 있으며 축삭돌기(axon)라고 한다. 이것들 중 어떤 것은 머리에서에서 발까지의 길이가 되는 것도 있다. 축삭돌기는 신경세포와 몸의 모든 부분들 사이를 상호 교환해 준다. 또 신체의 모든 부분은 말초부터 중심(두뇌)까지 또는 중심에서 말초까지 메시지를 전달해 주는 축삭돌기에 이르게 된다. 신경세포는 또한 더 정교하게 빠른 작업을 할 수 있게 해주는 정보의 네트워크를 만드는 다른 세포들에 이르는 수지상 돌기를 통해 정보를 나누기도 한다.

존재하는 상호관계들의 놀라운 양은 상상조차 불가능하다. 왜냐하면 160억 개의 뇌세포는 태아기 때부터 많은 양의 수지상 돌기를 갖고 있으며, 출생 시와 생후 단 3개월 만에 두뇌피질을 비교해 보면 수지상 돌기의 놀라운 양의 차이를 볼 수 있기 때문이다. 뇌가 수행하는 놀라운 작업은 오직 정보가 끊임없이 주어지기 때문이다. 모든 중요하고 복잡한 일은 우리가 착수해야 할 일의 가장 좋은 성과를 위해 언제나 대화하는 다른 부분들의 도움으로 이루어진다. 이것은 협동의 매우 좋은 예이다. 모든 세포들은 전압 또는 전류의 방출에 의해 일하는데, 필요한 곳에 정보를 보내는 잠재적인 전기자극의 변화가 있다. 이것은 이 처리를 수행하려고 하는 세포개체가 만든 화학적 양도체의 도움으로 이루어진다. 뇌에는 수십억의 상호연결이 존재하고 그것들을 통과하는 전기는 컴퓨터를 연상시킨다. 우리의 뇌가 너무나 많은 연결장치를 갖고 있기 때문에 우리가 만약 컴퓨터에 입력한다면 지구에는 놓을 수도 없는 큰 컴퓨터가 필요해질 것이다. 컴퓨터가 훌륭한 기계인 것은 분명하지만, 많은 중요한 임무를 수행하는 능력이나, 일을 하는 놀라운 방식은 인간의 두뇌에 비하면 오히려 작은 것이다. 인간 문화 속에서 만들어진 모든 것을 생각해 보라(문화, 예술, 음악, 과학. 더욱 흥미로운 것은 이 모든 발전이 인간 두뇌의 오직 2~4% 정도에 해당하는 작은 일부를 써서만 이루어졌다). 우리가 아기들에게 생의 초기부터 과학교육을 할 수 있다면 인간은 얼마나 경이로운 존재가 될 것인가 상상해 보라. 훨씬 더 많은 뇌세포가 필요해질 것이고 그들의 협조가 더 풍부해질 것이며, 우리의 무한한 인간 잠재력은 더 충분히 개발될 것이다.

인간 "하드웨어(hardware)"

두뇌를 더 잘 사용하기 위한 가장 중요한 방법은 생의 첫 몇 해 동안 질적 · 양적으로 좋은 정보를 제공하는 것이다. 특별히 이 기간에 두뇌는 매우 특수한 작용회로를 발달시키는 놀라운 능력을 보여준다. 컴퓨터적인 처리방법으로 이 첫 몇 해 동안 인간은 각자 그들 생의 나머지 기간에 사용될 기본적인 개인 프로그램을 짠다. 이 기본 프로그램은 우리가 하기 원하는 모든 것에 가장 넓은 영역을 제공하기 위해 가능한 한 정확하고 풍부한 것이어야 한다. 간단한 예를 들어, 두 살이 되면 아기들은 자신이 속한 환경의 언어를 쓰게 되는데 어휘의 범위와 발음과 문법의 정확성은 전적으로 아기가 들을 기회가 있는 언어의 종류에 달려있다. 다른 분야의 성장에 있어서도 같은 일이 일어난다. 교육자들은 아직도 신생아의 머리에 160억 개의 뇌세포가 있다는 것을 깨닫지 못하고, 그것들이 금방 일할 수 있도록 해야 한다는 위급성을 확신하지 못하는 경향이 있다. 개발되기를 기다리는 엄청난 자원을 생각해 보았는가? 우리의 교육체계는 너무나 많은 것이 변하고 발전해야 한다.

금세기 초 위대한 과학자 마리아 몬테소리는 전 세계를 놀라게 하였는데, 문맹의 부모를 가진 어린이들이 네 살에 읽고 쓸 수 있다는 것을 보여 주었기 때문이다. 그녀의 큰 교실에는 오직 한 명의 교사와 나무판으로 만든 알파벳 글자가 있었을 뿐이다. 아기의 신체성장을 위해 매일 양식을 주듯이 정신을 위해서도 매일 바른 정보를 제공해야 할 책임과 필요성을 느끼지 않는가?

이 정신을 위한 심리적 양식을 "정확한 정보"라고 부를 수 있는데 이것은 아기가 자신의 기본적인 정신 프로그램을 짤 때 사용하는 자료다. 인간에게 있어 적당한 시간이란 태아기부터 시작되며 생의 첫 몇 달간 계속된다.

해부학적인 결합(수지상 돌기와 축삭돌기)은 임신기간 동안에 이루어지지만, 출생 직후 특히 빠른 속도로 성장한다. 그것들이 정신의 기본구조를 구성하는 것이다. 이 기본적인 조직망으로 모든 미래의 정보들이 처리된다. 이것은 다른 환경들이 다른 기본구조를 가진 인간들을 만들어내는 이유를 설명해 준다.

같은 문화배경을 가진 가정에 있어서조차 매우 다른 형태의 감각적 자극이 태아 또는 신생아에게 주어지는 것이다. 신경생리학은 우리에게 생의 초기에 직접적인 인간 경험이 필요하다는 것을 보여준다. 몸의 접촉, 냄새, 목소리, 음악 등을 통해 받아들인 기본적인 정보는 샘을 통해 사용될 기본적인 "지각구조(perceptual structures)"를 형성하는 자료가 된다.

다시 한 번 임신기간과 첫 몇 해 동안 일어날 일의 무한한 중요성에 대해 숙고해 보자. 사랑이 가득한 보살핌, 사람의 존재, 정확한 자극과 좋은 음식 등은 인간의 주된 욕구다. 어떻게 신생아와 어린 아기들을 수동적이고, 육체적으로 돌봐주기만 하면 되는 존재로 생각할 수 있는가?

"신경통로(neurons pathway)"가 만들어지는 것은 초기의 자료들로부터이며, 두뇌의 기본 조합구조들이 완성되고, 이것들은 정신적 작업을 위해 이용되어진다. 몇 개월 내에 생물학적 컴퓨터의 "하드웨어"가 준비된다. 이 하드웨어는 두뇌가 자신의 모든 미래의 경험들과, 그것들이 처리되고, 등록되고, 기억되는 방법들을 규정하게 된다. 그러나 기본구조의 근본적인 중요성은 우리가 다른 구조를 가진 사람들과 관련을 맺어야 할 때 명백해진다. 이 차이가 서로 이해하는 것을 어렵게, 때로는 불가능하게 하는데, 각자의 공통 정보망이 없기 때문이다. 이런 상황을 "공명(resonance)"이라 하는데, 우리 뇌의 기본구조를 통해 외부로부터 메시지를 안으로 받아들인다는 의미에서 이해의 가능성을 표현하는 말이다. 이런 공명을 통해 바른 대화가 가능해지며, 그것은 상호교환과 이해를 가능하게 하는 공동의 언어와 같다. 다른 문화와 문명의 발전은 이렇게 서로 다른 기본구조에 그 원인이 있다. 다른 환경들의 존재(다른 초기정보) 또한 다른 문화와 문명의 발달을 설명해 준다. 어떤 환경에서는 사람들이 춤이나 노래 등의 감각적 자극을 기대하며 거기에 중요성을 두는 반면, 다른 곳에서는 다른 형태의 대화와 관계들을 선호한다. 이것은 우리가 어떤 것들을 좋아하고 싫어하는 이유와, 생의 초기에 더 많은 자극을 받아들인 감각채널에 의한 경험들을 더 쉽게 이해하고 기억한다는 것을 설명해 준다. 서로가 일상생활(가정 또는 직장에서) 속에서, 특히 배울 때, 서로를 이해해야 하는 필요성을 생각해 보면 대화의 문제는 더 심각해진다. 만약 배우는 과정에 관련된 기본구조가 같은 "공명"을 가지고 있다면 새로운 정보도 두 사람 사이에 쉽게 통과될 수 있다. 정보는 그들의 기본구조 속에 언어감각 채널을 발달시킨 사람들에게서 언어의 형태로 더 쉽게 변형되며, 다른 사람들에게 있어서는 그림으로, 접촉으로 또는 표정으로 더 잘 변형되기도 한다.

훨씬 후에, 고등학교에서 화학이나 물리를 배울 때, 어떤 학생들은 칠판에 쓰인 공식을 금방 이해하는데 다른 학생들은 말로써 그것을 토의해야 하고, 또 다른 학생들은 관련된 실험을 함으로써 "손으로 전하는" 경험을 통하여 접촉의 감각을 사용할 필요가 있다. 강의의 내용도 모든 학생에게 똑같이 전달되지만, 그 의미를 깨닫는 방법은 다를 것이다. 배우는 과정에서 사용되는 기본구조가 다르기 때문이다. 이런 이유로 모든 학교에서 복합 매체 교수법을 사용하면 좋은 결과를 볼 수 있는데 학생들의 하드웨어가 좀 더 복잡한 결합을 할 수 있는 기회를 가질 수 있기 때문이다. 더 많은 감각경로를 사용하게 함으로써 학생들은 그들이 배우는 과제에 대해 더 넓게 이해하고 더 잘 기억할 수 있게 된다.

대화와 배우는데 있어서의 어려움은 대개 지능이 부족하기 때문이 아니라 기본 인식구조 사이의 공명의 부족에 의한 것이다. 누군가를 "우둔하다"고 판단하기 전에 그 사람이 생의 초기에 다른 하드웨어를 발달시키지 않았는지 생각해 봐야 하며, 다른 감각적 접근을 사용하여 더 잘 대화할 수 있도록 노력해야 한다.

다양한 감각경로를 동시에 발달시키는 교육은 아기에게 외부세계로부터 더 풍부한 정보의 흐름을 받아들일 수 있는 두뇌를 가질 일생의 기회를 주게 된다.

더 풍부한 자료입력을 통해 우리는 각 인간들의 풍부한 삶을, 그리고 바라건대 많은 숫자의 동료인간들 속에서 더 나은 대화와 이해를 기대할 수 있다.

두 개의 뇌 반구(cerebral hemisphere)

두뇌는 두 개의 "반구"로 이루어져 있고, 바깥층은 "두뇌피질"이라 불리는 가장 최근에 진화된 것이다. 진화하는 동안, 인간의 피질은 큰 규모로 커져서 머리를 누르지 않고 머리 안에 알맞게 들어갈 수 있게, 또 너무 커서 우리의 균형에 영향을 주지 않도록 돌돌 말리게 되어있다. 그 결과 피질은 뇌회상태로 접혀져 있다. 피질과 그 아래 층들은 매우 섬세한 조직으로 만들어져 있는데 단단한 틀인 두개골 속에 넣어져 있어 잘 보호된다. 이마 뼈, 정수리뼈, 측두골(관자놀이뼈)과 후두골이 경합되어 이 틀을 만드는데 두개골 안에 있는 두뇌의 각 부분들은 전두엽, 두정엽, 측두엽과 후두엽이라 불린다.

두 개의 반구 사이의 지속적인 대화는 그것들을 연결하는 수많은 신경세포에 의해 유지된다. 최근 수십 년간 두 개의 뇌 반구 기능에 대한 지식이 크게 증가했는데, 양쪽 반구가 모두 구분되는 기능을 가진 피질부분을 가지고 있지만, 운동과 감각정보, 언어기능을 조합하는 것은 한쪽 반구에서만 이루어지는데 대개 바로 이 반구에서 글씨 쓰는 손동작을 통제한다.

대부분의 사람들은 왼쪽 뇌 반구에 그들의 언어센터가 있고 오른손으로 글씨를 쓴다. 두뇌에서 동작을 조합하기 위해 메시지가 보내지면 엇갈린 섬유질을 통해 나간다.

왼쪽 뇌에서 나온 것들은 몸의 오른쪽 부분으로 가고 오른쪽은 그 반대다. 어떤 어린이들은 처음부터 왼손으로 쓰고 싶어하는데, 환경은 그들의 왼손 사용을 절대 막지 말아야 한다. 이 자연스러운 차이가 존중되어야 미래에 생길 문제들을 피할 수 있기 때문이다. 말과 쓰기를 통제하는 뇌 반구가 우리가 이성적 생각이라고 부르는 것도 책임지고 있다. 말은 "한 번에 한 단계"라는 순서를 따라야 한다. 만약 단어들이 순서를 바꾸면, 말하는 의미도 역시 달라진다. 수학에서도 같은 일이 일어난다. 이 뇌 반구의 작업은 우리 삶에서 매우 중요한 부분이지만, 유일한 것은 아닌 기술 같은 인간적 업적들을 책임지고 수행한다.

다른 뇌 반구는 몸의 동작과 표정 등, 말로 표현되지 않는 언어형태들을 통제한다. 춤추고 운동하는 데는 근육의 통제가 필요한데, 이를 위해서는 많은 자료가 동시에 처리되어야 한다. 그런 정보는 동작을 통해 적절한 반응을 만들기 위해 매우 빨리 종합되어야 한다. 직관적 생각을 포함한 상황들이 종합적으로 벌어진다. 모든 정보가 동시에 검토되고, 판단이 내려지면 곧 해결책이 주어진다. 이것을 책임진 뇌 반구(대개 오른쪽)는 말 대신 형상을 이용하는데, 그것은 다른 종류의 그래픽 언어와 음악과 관계된 것이다. 두 개의 뇌 반구는 서로 다른 기능을 전문으로 다루지만 둘 다 중요한 것이다. 두 개의 뇌 반구가 통합되어야 풍부한 삶이 가능해진다. 말의 논리적인 반구가 우리가 깨어있는 동안 더 많이 사용되는 반면, 말이 없는 직관적인 반구는 잠자는 동안(특히 꿈꾸는 동안) 더 많이 사용된다. 두 개의 반구가 하는 다른 작업들은 두 가지 형태의 의식과 기억을 만들어낸다. 신생아들은 이 전문화의 효과를 금방 보여준다. 말하는 것을 들을 때는 왼쪽 반구가 더 많이 일하는 반면, 음악을 들을 때는 오른쪽 반구를 더 사용한다.

우리가 생의 처음부터 똑같이 중요한 두 개의 뇌 반구에 적절한 자극을 제공해야 한다고 할 때, 모든 교육자들은 인간의 현실이 두 개의 다른 형태로 구성되어 있다는 것을 잘 이해해야만 한다. 뇌 반구들은 훌륭한 협조자며, 그들을 연결해 주는 신경섬유를 통해 정보를 나눈다. 직관적인 통찰이 논리적인 언어의 연결로 바뀌어져 다른 사람과의 대화가 가능하게도 되고, 우리 자신 속에서 더 나은 의식형태로 변환되기도 한다. 언어적인 표현 또한 그래픽 영상으로 변형될 수 있으며, 이 영상이 잘 만들어지면 말 그 자체보다 훨씬 힘 있는 대화의 수단이 될 수 있다.

교육에 있어 두 가지의 인간현실을 깨닫는 것이 매우 중요한데, 우리가 "두 가지 정신"을 가지고 있다는 사실을 심각하게 고려하지 않는 한 새로운 교육체계는 나타나지 않을 것이다. 어느 나이의 어린아이든 인간정신의 커다란 잠재력 개발을 위해 언어의, 그리고 직관적 생각의 균형 잡힌 경험이 제공되어야 한다. 그 결과는 두뇌의 더 나은 기능뿐만이 아니라 그들의 개인적, 사회적 삶 속에서 큰 행복을 의미하는 것이기 때문이다. 두 개의 반구가 함께 작업할수록 우리가 하는 모든 것들은 더 풍부해진다. 영상을 추가함으로써 모든 분석이 향상될 수 있으며, 결코 이런 작용들을 완전히 분리된 것으로 생각하면 안 된다. 잘 조화된 사람은 양쪽 반구를 다 사용할 수 있을 것이며, 주어진 일의 특성에 따라 한 쪽을 다른 쪽보다 더 사용할 수도 있게 된다. 서구의 교육에서 두 가지를 구별하려는 경향이 있는데, 우리 문명 속에서는 오른쪽 반구가 할 수 있는 많은 일들이 더 높이 평가 받지 못하고 있기 때문이다. 그러므로 아주 어린 나이부터 어린이들은 왼쪽 반구를 사용하여 완전히 표현하지 못하도록 배운다.

신체의 움직임, 춤, 노래, 그림, 그리고 다른 예술들을 더 중요하게 생각하도록 격려받지 못하게 된다. 동양문화에서는 두뇌의 직관적인 부분을 더 중요하게 생각하며 논리적인 생각은 우리의 존재와 관련된 문제들을 풀거나 현실을 이해하는 것과는 무관한 것으로 생각한다. 그러나 아기들에게는 두뇌의 두 부분을 직접적이든 간접적이든 서로에게 영향주지 않고, 즉 한 가지 형태의 생각이 다른 것보다 낫다는 생각 없이 사용할 기회가 주어져야 한다.

우리의 가까운 장래에 대한 큰 희망의 원천은 다른 문화들이 완벽해지기 위해서는 서로가 필요하며 서로 간에 배우고 나눌 것이 많다는 것을 인정하는 것이다. 신경조직의 생리학을 생각해 보면, 우리는 두 가지의 사고체계가 큰 가치가 있다는 것과, 각각은 인간의 반쪽 밖에 표현하지 못한다는 것을 인정하게 된다. 과거에 우리는 두뇌의 이런 다른 표현들을 서로 용납되지 않는 것으로 생각했으나, 이제는 교육도 두 개 반구의 작업이 좋은 것이며 이로운 것으로 인식한다. 두 반구의 만족스러운 협조가 있어야만 우리는 주변의 인생과 우리 자신들을 더 잘 이해할 수 있다.

흡수정신(the absorbent mind)

두뇌는 놀라운 기관으로, 무한한 가능성과 각각의 반구에서 특수한 작업을 수행할 능력이 있는데, 첫 몇 해 동안 두뇌는 그 후의 생에서와는 다르게 작용한다. 배우는 모든 동작은 특수한 방법으로 이루어진다. 환경으로부터 오는 모든 것은 무의식의 형태로 접수되고, 처리되고, 뇌세포 속에 저장된다. 이 강력한 정신활동은 언제나 계속되며, 태아기 중에도 "흡수력 강한 정신적" 특징을 나타낸다. 이것은 생명이 아기에게 주는 큰 지원으로써 그들의 개인성장을 쉽게 해주고, 자신의 환경에 빨리 동화되는 것을 도와준다.

자신의 흡수정신을 사용하여 아기는 자신의 주위에서 말해지는 언어를 배우나. 그 언어가 아무리 어려운 것이라도 아기는 일 년이 되면 그것을 이해하고 다음 해에는 다양한 발음으로 문장을 조합하여 말을 하게 된다. 이 경이로운 과정에는 아무런 직접적인 가르침이 포함되어 있지 않다. 이 기본적인 습득은 청각적으로 입력되고, 흡수되고, 적절한 장소에 저장되었다고 필요할 때 기억되는 일련의 작업의 연속인 것이다. 우리가 언어를 예로 든 것은 입증하기가 매우 쉽기 때문이다. 그러나 아기의 정신은 그가 살고 있는 장소에서 행해지는 모든 인간활동에 관련된 정보를 흡수 한다(동작, 음악, 노래 등…).

다시 한 번 우리는 아기의 작은 크기와 그가 첫 몇 해 동안 수행하는 커다란 양의 정신적 활동 사이의 모순에 직면하게 된다. 이것은 그 뒤에 오는 시간 동안 배우는 것과 비교하면 거의 충격적이다.

부모들이나 대개의 어른들이 아기들이 그런 흡수정신을 가지는 것에 대한 특별한 이점을 깨닫게 되면, 분명히 그들이 그것을 더 잘 활용하도록 협조할 수 있을 것이다. 인간이란 여러 가지로 보여질 수 있지만, 생의 초기에 끊임없는 보살핌에 의해 그 성장과정이 얼마나 지원 받을 수 있는지를 발견하는 것은 정말 놀라운 일이다. 거기에는 살아서 움직이는 어떤 지혜가 있으며, 우리는 성장에 가장 좋은 환경을 준비하고 "삶에 도움"을 주려는 노력에 전념해야 한다.

Chapter 7

종합된 동작의 발달

동작은 생후 첫해의 성장 중 가장 중요한 면이다. 동작은 생명체의 필수적인 특징이며 모든 살아있는 존재에서 생존의 필수 불가결한 도구역할을 하는데, 이것을 이용해 필요한 것을 얻을 수 있고 위험한 것을 피할 수 있기 때문이다.

50억 년 세월의 진화를 통해 동작은 단세포기관의 앞으로 또는 뒤로 가는 단순한 몸짓에서 발전하여, 인간의 놀랍도록 정밀한 동작에 이르기까지 점점 더 복잡해졌다. 우리가 논할 동작의 형태는 한 사람이 한 가지 생각을 실현함으로써 보여지는 조화된 움직임이다. 이것은 인간이 가진 모든 생각과 계획을 실현하기 위한 "의도된" 동작으로써 마음대로 움직이는 도구이며, 통제될 수 있고 개인 삶의 모든 목적을 위해 이용될 수 있다.

동작의 개념으로 보면, 새로 태어난 인간은 바깥세상에서 살 준비가 완전히 되기 전에 엄마의 자궁을 떠난다. 그들의 의지대로 통제할 수 있는 신체의 유일한 부분들은 입과(입의 근육은 아기가 가슴에 안겨 빨 수 있게 해준다) 그리고 목(목 근육은 아기가 젖을 삼킬 수 있게 해주고 울어서 엄마의 주의를 끌 수 있게 해준다)이다. 그러나 이것은 머리 크기 때문에 아기가 태어나야만 할 필요성(임신한지 9개월)과 외부세계에서 생존하는데 필요한 최소한의 능력 사이의 아주 훌륭하고 자연스러운 절충안이며, 신생아가 자발적인 동작을 위한 최소한의 능력을 가지고 태어나는 이유이다.

아기가 기동능력을 갖게 되기까지, 즉 두 발로 서기까지 비슷하게 정확히 8~9개월이 걸린다는 것이 흥미로운 일이다. 두 발로 선 아기는 몇 주 동안 손으로 엄마를 잡고 이 자세를 유지하는데, 신생아들이 자유롭게 움직이지 못하는 이유는 모든 신경세포가 제자리에 있지만 그것들을 근육에 이어주는 신경섬유망인 마이엘린(myelin : 신경섬유의 축삭을 싸는 지방성 물질)이라 불리는 특수한 물질로 덮이지 않았기 때문이다. 이 지방질의 코팅은 신경세포에서 근육까지 전기충격이 혼란 없이 전달되는 것을 책임지고 있는데, 그것은 마치 전기선이 일을 하기 위해서는 절연물질로 감싸아있어야 하는 것과 같다.

신생아의 생리적인 상태는 신경섬유 주위에 마이엘린이 덜 감싸진 결과이며, 이것은 그들이 고개조차 들지 못하고 옮길 때에도 목을 뒤에서 받쳐주어야 하는 이유를 설명해 준다. 처음에는 눈의 움직임조차 통제하지 못하지만 이것은 쾌적한 환경 속에서 곧 숙달된다. 신경섬유를 감싸주는 작업은 1년 내의 기간에 완성되는데, 몸의 윗부분에서 시작되어 아래로 내려간다.

자발적인 동작의 습득과정은 매우 빠르며, 12개월이면 두 발로 걷는 데까지 성장한다. 오직 인간만이 매우 정밀한 균형체계를 요구하는 이 기술을 완성할 수 있는데, 아기는 이것을 매우 짧은 시간에 해낸다. 우리는 아기의 무기력함을 관찰하면서 동시에 하루하루를 살면서 환경의 많은 어려움에도 불구하고 그의 걷는 기술을 발전시켜 나가는 모습을 기억해야 한다.

동작의 각 단계

동작의 발달과정에서 우리는 인간이 3개의 다른 단계를 거치며 각 단계는 동작의 다른 가능성을 부여한다는 것을 알 수 있다. 이 단계들은 진화하는 동안 여러 생물체에게도 나타나는 단계와 동일한데, 각 단계는 기기, 네 다리로 걷기, 두 다리로 걷기이다. 몸 전체를 땅에 대고 움직이는 동작은 파충류의 전형이다. 파충류는 다리가 있다 해도 매우 짧아서 몸 전체를 받칠 수는 없으며, 오직 몸을 앞으로 추진하는 데만 사용된다. 이 형태의 동작은 두뇌의 1차 단계에 해당한다.

몸과 머리를 들고 움직이는 동작은 네 다리로 걷는 포유류의 전형이다. 이 자세는 그들의 몸을 매우 빨리 움직일 수 있게 하고 더 넓은 공간을 통제할 수 있게 한다. 이것은 두뇌의 2차 단계와 관련된 형태의 동작이다.

네 다리를 가진 동작과 인간의 직립자세 사이의 어딘가에 고등포유류, 즉 영장류의 동작형태가 있어서 짧은 시간 동안 뒷다리로 일어설 수 있으며 이 자세로 앞발은 음식을 모아서 입으로 가져가고, 일련의 개인적, 사회적 행동들을 하는데 사용한다. 이것은 가능한 이야기다. 왜냐하면 앞발들은 손을 구성한 것과는 충분히 구별되기 때문이다. 이들 영장류들은 자신들의 새끼에게 특수한 엄마의 보살핌을 제공한다. 그러나 앞발을 자세히 보면, 그들의 손이 인간의 손과는 다르다는 것을 알 수 있는데, 특히 손가락들 간의 관계를 보면 앞의 두 개가 많이 다르다. 특히 엄지와 검지가 반대인데, 이것이 인간으로 하여금 극도로 세밀한 동작을 가능하게 해주며, 인간의 모든 문화－건축에서 작문, 음악에서 그림까지, 그리고 우리 생활을 풍요롭게 해주는 모든 기술을 만들게 해준다.

인간에 이르렀을 때는 두뇌의 세 번째 부분이 완전하게 발달되어 두 발로 서는 자세와 균형이 너무나 완벽하므로 공간 속에서 이 자세로 빠르게 움직이는 것이 가능하다. 이 자세는 손들을 몸의 균형 잡는 기능에서 해방시킨다. 인간은 손의 움직임을 전문화시켜 입을 포함하여 신체의 가장 인간적인 부분이 되게 하고 또한 동작을 통제할 수 있는 많은 양의 신경세포와 신경섬유들에 의해 가장 우선적인 기관으로 만들어진다. 신체 크기와 비례해서 볼 때 얼마나 많은 신경의 공급이 이루어지고 있는지만 보아도 무척 흥미로운데 자율적인 동작을 통제하는 피질 중 더 큰 부분이 입과 손을 위해 사용된다.

신생아로 돌아가서, 동작의 능력면에서 보면 인간은 출생 시에는 원시 파충류 수준이거나 어쩌면 그보다 약간 밑이다. 왜냐하면 머리의 동작을 통제하지도 못하고 오직 매우 천천히 갈 수만 있기 때문이다. 약간의 동작을 할 수 있다고 하더라도 이 능력도 처음부터 보조를 받아야만 한다.

불행하게도 아기는 일반적으로 작은 아기 침대에 뉘여져 있고, 담요로 둘러싸여 있으며, 그의 자율적인 동작을 방해하는 옷이 입혀진다. 어떤 동작의 표현도 관찰되지 않으므로 우리는 아기들이 그럴 능력이 없다고 생각하고 그 후로도 성장의 기본적인 양식인 이 모든 표현들을 축소시키게 된다.

이것은 가장 심각한 교육적인 잘못인데, 아기들이 어른처럼 움직이지 못하기 때문에 우리는 그들이 전혀 움직일 수 없다는 잘못된 이상을 가지게 된 것이다.

최근 몇 십 년간의 연구는 아기들이 모든 종류에 있어 비상한 능력이 있다는 것을 보여주었으며, 특히 임신기간 동안의 풍요로움을 기억해 보면 이것은 전혀 놀랄 일이 아닐 것이다. 아직도 과학은 공식적으로 이런 발견들을 인정하지 않고 있으며, 산부인과에 있는 아기들은 여전히 작은 용기에 놓여지고, 그들의 움직임을 불가능하게 만드는 옷이 입혀진다.

실제로 신생아들과 어린 아기들의 움직임을 관찰하는 것은 어렵다. 그들의 동작이 매우 느리고 움직일 수 있는 충분한 공간이 주어져야 하기 때문이다.

아기를 돌본 적이 있는 사람이라면, 심지어 조숙아일지라도 그의 머리를 아기 침대의 가장자리에 대고 있는 것을 분명히 발견했을 것이다. 천천히 움직여서, 그러나 확실히 침대를 의지 삼아가지 않고서 어떻게 거기까지 갔겠는가! 그리고 자주 그들을 다시 침대 가운데로 옮겨 놓으면서도 왜 그들이 나중에 발달시킬 것과는 다르지만 어떤 기동능력이 있다는 것을 이해하지 못할까? 이것은 편견의 또 다른 표현이다. 신생아에 대해 우리가 가진 이런 잘못된 생각이 우리로 하여금 바로 자신의 눈앞에서 분명히 일어나는 현실을 직시하지 못하게 하고 있다.

신생아와 생후 몇 개월 된 아기들에 대한 수년간의 경험을 통해 우리는 언제나 그들이 옷에서 자유로워지고 동작의 자유가 있는 상황에 놓여져서 주변의 환경을 관찰할 수 있게 되자마자 울음을 멈추는 것을 관찰하였다. 몸을 움직이는 기쁨은 너무나 큰 것이어서 그들은 때론 음식에 대해 잊어버리기까지 한다. 그들이 미끄러지려고 시도하면서 공간 속을 움직일 때 아기들은 매우 주의 깊고 자신의 행동에 집중하고 있으며, 몸과 정신 사이의 밀접한 협력관계를 쉽게 볼 수 있다. 이 아기들은 자기 자신과 그들 주변 세계에 관해 많은 것을 배우고 있다.

동작을 위한 환경

아기는 날 때부터 움직일 수 있다. 갓 태어난 아기들을 바닥에 내려놓으면 그들은 몸 전체를 이용해 매우 천천히 움직인다. 이 적극적인 동작은 시계바늘 방향으로 움직이는데, 아기의 왼쪽에 충분한 공간이 있는 것을 보면 이것을 알 수 있다. 아기의 침대는 보통크기의 싱글침대면 충분하다. 아니면 바닥에 매트를 깐다. 우리는 3주된 아기들이 한쪽에서 다른 쪽까지 완전히 도는 것을 보았는데, 이것은 모든 진보는 언제나 내적 성장(마이엘린으로 감싸주기)과 환경이 허락해 준 외적 경험(동작을 만들고 반복하는 가능성)의 결합이라는 것을 보여준다.

출생 후부터 자율적인 동작을 도와주려면 보통 사용되는 아기 침대보다 큰 침대와 동작에 자극이 될만한 흥미로운 물건 몇 개면 충분하다.

신경섬유를 마이엘린이 감싸는 과정은 매우 빠르며, 눈 근육부터 시작된다. 아기는 한 달이면 눈 조절하는 것을 배워, 눈으로 주변에서 일어나는 일을 더 잘 따라갈 수 있다. 이것은 중요한 한 단계인데, 관찰의 자유를 의미하기 때문이다. 어른들은 이 과정을 이해하고 아기에게 그의 새로운 능력을 사용할 기회를 주어야 한다.

아기가 울타리가 있는 아기 침대(또는 더 구속적인 다른 형태의 침대)에 있게 되면 관찰능력이 사용되지도, 향상되지도 않기 때문에 효과가 별로 없다. 충분히 넓어서 움직일 수 있고 시야를 막는 장애물이 없는 침대가 자율적인 동작을 돕기 위해 제일 먼저 제공되어야 할 것이다. 침대는 표준크기의 매트리스만 있어도 되며, 그대로 바닥에 놓거나 가장자리를 둥글게 깎은 나무받침대에 작은 바퀴 4개를 달아서 그 위에 놓아도 된다.

출산을 준비하는 예비부모에게 그런 침대를 권할 때마다 전형적인 반대는 아기가 침대에서 떨어질 것 같다는 것이다. 그러나 수십 년 동안의 직접적인 경험을 통해 볼 때 그 침대를 맨 처음부터 사용하면 그런 일은 결코 생기지 않는다고 확신을 갖고 말할 수 있다. 그 이유는 아기의 동작이 매우 느리기 때문이다. 아기는 절대로 그의 몸 전체가 침대의 가장자리에 이르지 않는데, 자신의 몸이 조금도 지지 받지 못하는 것을 발견하자마자 아기는 침대의 가운데로 다시 후퇴하기 때문이다. 새끼 도마뱀이 나무에서 떨어지는 것을 본적이 없을 것이다. 도마뱀은 단지 자신이 안전하다고 느낄 때까지만 가지에서 멀리 뻗었다가 안전한 곳으로 되돌아온다. 분명히 사람의 신생아는 공간 속에서 자신의 안전에 관한 메시지를 적어도 도마뱀만큼은 깨닫고 있다. 피부를 통해 받아들인 빈 공간에 대한 정보는 더 좋은 뇌 센터로 전달되어 분석, 이해된 다음, 아기 내부에서 재빠른 방어반응을 해야 한다는 결론이 나오면 아기는 자신의 몸 전체가 다시 충분히 받쳐질 수 있는 곳에 이를 때까지 자신의 자세를 조정한다.

생후 2개월이면 목의 근육들이 통제하에 들어오게 되고 보조 없이도 머리를 들 수 있게 된다. 이미 자신의 시선 방향을 조절할 수 있는 아기가 관찰의 자유도 있다면, 이 새로운 습득은 그의 환경과 개인적인 관계에 있어 눈에 띄는 변화를 가져올 것이다. 목을 가눌 수 있게 되는 것은 그가 환경을 지배하기 시작하는 것과 같다.

3개월에서 4개월 사이에, 아기의 일반적인 건강상태와 특히 그가 가질 수 있었던 경험에 따라서 결합은 손으로 확장된다. 아기는 손을 의도적으로 사용하기 시작해서 물건에 손을 뻗치고, 그것들을 움켜잡고, 자기 쪽으로 가지고 온다. 이것은 중대한 단계이다. 이제 길 수 있는 능력이 발달하면 만약 자유롭게 움직일 수 있는 공간이 주어지면, 아기는 경우에 따라서 그의 흥미를 불러일으키는 모든 물건들로 기어가서 시각, 촉각, 미각을 통해 그것들을 알아간다. 실제로 생후 첫 몇 달 동안에는 우리 몸의 중요한 말초신경 부분을 통해 모든 것이 경험되어야 한다.

아기가 손을 사용하기 시작하면 절대로 왼손을 쓰는 것을 막아서는 안 된다. 수세기 동안 왼손잡이는 받아들일 수 없는 잘못된 행동양식으로 여겨져서 그것을 고치기 위해 많은 노력을 해야 했다. 뇌 반구의 다른 기능에 관한 최근의 연구를 통해 우리는 인구의 10%가 유전적으로 왼손잡이란 것을 알아냈다. 이 뇌구조의 다양성이 존중받아야 언어, 습득, 행동을 하는데 있어 생길 수 있는 어려움을 피할 수 있다. 불행하게도 "사회적인 터부와 순응시키려는 압력이 왼손잡이를 억제하는 사회를 만들어서 아이들을 오른손잡이로 만들었다."

어린 아기에게 장난감 또는 빵 조각 등 무언가를 줄 때 그가 원하는 손으로 그 물건을 잡도록 내버려두어야 한다. 모두들 너무나 자주, 비록 무의식적이라 해도 아기가 왼손을 쓰면 그 물건을 오른손으로 옮겨주는 경향이 있으며, "오른손을 사용해라"라고 말한다.

5개월이 되면 아기는 여전히 아주 작게 여겨지지만, 이미 그는 능숙하게 기면서 주변을 공간을 지배할 수 있다. 이 동작형태는 아기가 자신의 환경을 이루는 모든 것으로부터 자신의 호기심을 만족시키는데서 오는 기쁨과 즐거움을 발견하게 해준다. 그러나 얼마나 많은 이 시기의 아기들이 그런 성장에 알맞은 조건들을 갖추고 있겠는가?

5개월에서 6개월쯤 되면 엄밀히 기동능력이 너무 많이 향상되었기 때문에 아기는 침대 밖으로 나오려고 할 수도 있다. 그는 이것을 거꾸로 하는데, 먼저 다리를 내밀고 그런 다음 나머지 몸이 내려온다. 이것은 또 다른 중요한 성장단계로써 아기는 잠에서 깰 때마다 엄마를 기억하고 보고 싶으면 가서 엄마를 찾을 수 있는 능력이 생긴 것이다. 이때가 되면 아기는 더 이상 엄마의 주의를 끌기 위해 울 필요가 없다. 그는 자신이 원하는 것이 무엇인지 알고 그것을 요구하지 않고 자신의 움직일 수 있는 능력과 자신 몸의 새로운 능력들을 이용해서 그것을 획득한다. 자기가 원하는 것을 혼자서 할 수 있는 사람의 환경과, 끊임없이 다른 사람들에게 도움을 요청해야 하는 사람의 환경 사이에는 얼마나 큰 차이가 있겠는가!

마리아 몬테소리는 아기 울음의 의미는 "나 혼자 할 수 있게 도와 달라"는 것이며, 낮은 침대가 혼자서 중요한 것들을 하게 도와준다고 가르쳤다. 그런 간단한 방법이 그렇게도 중요한 결과를 낳는 것이다! 다시 한 번 말하지만, 우리는 아기의 능력에 대한 이해가 심각하게 결여되어 있다는 것을 인정해야 한다. 여기에서 그들에 대한 신뢰의 결여가 생겨서 그들의 성장을 방해하게 되는 것이다. 우리는 이런 잘못된 행동을 아기를 돌보고 보호하는데 필요한 것이라고 정당화한다.

6개월에서 7개월이 되면, 아기는 몸통의 근육을 조정할 수 있게 되고 앉을 수 있다. 6개월에서 8개월 사이에 아기는 점차적으로 기는 것에서 네 발로 걷는 것으로 발전하고 그 사이에 이유단계들이 나타난다. 즉, 몸의 윗부분을 일으키기 위해 손을 사용하고 등을 일으키기 위해 무릎과 발목을 구부린다. 이런 새로운 동작들에서 마이엘린의 감싸주기 작업이 몸을 통해 전진하고 있다는 것을 관찰할 수 있다.

8개월에 아기는 네발로 걷는 기술이 완성된다.

9개월이 되면 일어나서 누군가의 도움을 받아 두 발로 서 있을 수 있다.

11~12개월쯤, 아기는 두 발로 걷기 시작한다. 이것은 갓 태어난 아기가 자신의 머리도 가눌 능력이 없던 것을 생각해 보면 괄목할만한 발전이다. 이제 아기는 자신이 두 발로 서 있는데 필요한 복잡한 균형을 습득하게 된 것이다! 그러나 동작의 발달에 있어 비극적인 것은, 일반적으로 아기가 더 많이 움직이게 될수록 더 많이 행동의 제한을 받는다. 그들은 아기 침대에서 아기 의자, 유모차, 식당용 아기 의자, 그리고 아기용 놀이터(Playpen) 등으로 옮겨진다.

수개월이 지나도 아기는 자유롭게 움직여 자신의 종합능력을 향상시킬 행동연습을 할 기회를 갖지 못한다. 아기에게 작은 공간을 주어보라. 그러면 그는 아무도 방해하지 않고 내내 혼자서 시간을 보낼 수 있다는 것을 알게 될 것이다. 아기는 이 기간에 가장 강한 내적 충동인 동작의 자유를 만족시키는 것만큼 바라는 것이 없기 때문이다.

종합된 동작의 발달에 필요한 작업을 수행하면서 아기와 엄마의 관계는 변한다. 아기들은 사람들과 다른 방식으로 함께 있는 방법을 배우는데, 예를 들면 같은 환경을 공유하고, 다른 사람들을 바라보고, 어른들이 말하거나 노래하는 것을 듣거나 하는 것이다. 그들의 대화방식은 더 이상 피부와 촉각 등의 원시적인 접촉이 아니다. 이런 이유로 적극적으로 움직이는 능력은 긍정적이고 자연스러운 "분리"의 발전을 위해 큰 도움이 된다.

모든 종류의 관계에는 적당한 시간이 있다. 출생 시에 아기는 더 넓은 삶의 공간을 가지게 되고 몇 주간 동안의 공생기간이 두 가지 상황 사이의 과도기 역할을 한다. 이 기간이 지나면 외부세계에 대한 관심과 활발한 동작의 기쁨으로 아기는 바깥 세계에 있는 물건들을 만지게 된다. 이것을 통해 아기는 인간들이 어떻게 자기가 사랑하는 사람들의 사회 속에서, 그들 팔에 안겨 있는 대신에 같이 움직이면서 같이 사는지를 배울 즐거운 기회를 얻는 것이다. 당연히 식사시간과 엄마가 보살펴주는 순간들은 친밀한 관계로 남아 있지만 이런 시간들은 행동의 자유가 있는 다른 시간들과 교체되는데, 이것은 행복하고 건강한 관계의 좋은 표본이다. 즉 친밀함 속에서의 큰 기쁨과, 개인적인 움직임의 자유로움 속에서의 큰 기쁨이 함께 있는 것이다. 사랑하는 사람의 팔에 계속해서 안겨있는 것도 두 사람이 서로의 새로운 만남을 풍요롭게 하는 쪽으로 계속 성장할 기회를 놓쳐 버리면 하나의 감옥으로 변해버린다.

적당한 시기에 우리는 귀속과 분리를 할 필요가 있으며, 이런 식의 관계는 출생 직후부터 시작된다. 즉, 신생아는 곧 개인적인 신체적 · 심리적 성장의 공간이 될 동작을 할 수 있는 공간이 필요한데, 이런 공간을 제한하는 것은 이 계획 속에 포함된 두 사람의 성장의 제한을 의미한다. 아기에게 움직일 공간을 주기로 결정한다는 것은 부모와 아기 모두에게 중요한 의미가 있다.

그 결정은 곧 같이 사는 사람들이 점진적으로 협조해 가는 가족생활을 하기로 결정한다는 뜻이기 때문이다. 아기가 태어난 것에 대해 2개월쯤 적응하고 나면 부모는, 특히 엄마는 빨리 자라고 자립을 향해 전진해 가는 아기를 관찰하면서 그들의 자유를 약간 되찾게 된다. 만약 아기에게 자기 주변 사람들의 움직임을 주의 깊게 관찰할 수 있는 공간이 주어지면, 아기 자신의 동작에 좋은 표본이 된다. 동작수행을 하기 위한 계획으로 운동의 법칙은 시각적으로 흡수되는 것인데, 아기들은 자신이 그것을 모방하기 전에 그 동작들을 먼저 인식해야만 한다는 것을 깨달아야 한다. 그 법칙이 확실하면, 아기는 그 동작을 완성하려는 노력을 계속한다. 그리고 환경이 허락한다면 성공할 때까지 계속할 것이다. 그리고 아기가 마음속으로 의도했던 것이 몸으로 성공하게 되면 아기에게 매우 큰 기쁨이 될 것이다. 이 순간부터 새로운 동작은 아기의 기동능력 중 하나가 되고 반복하여 사용하면서 완벽해진다. 그러므로 각 동작은 먼저 시각적 관찰에 의해 학습되고, 그 후에 모방된다. 아기들은 주변 어른들이 하는 모든 것을 모방하는 경향이 있다. 이 모방하기는 행위의 수동적인 반복이 아니라, 그들과 같이 되고자 하는 욕망에서 나온 노력이다. 아기들은 인간의 성장은 오직 인간적 특징의 습득을 통해서만 가능하다는 것을 이해하는 내적인 감수성을 가지고 있는 것 같다. 이 발전과정에서 우리는 생명이 아기를 자기실현하도록 밀고 나가는 것을 볼 수 있는데, 자기실현이란 아기의 성장을 원하는 환경의 도움 없이는 성취되지 않는다.

인간들의 존재로부터 오는 자극과 성장을 위한 내적 욕구, 두 가지는 생명체에게 언제나 존재하는 것인데, 특히 아기들이 매우 어리고 공간 안에서 자유를 필요로 할 때 그렇다. 이 공간은 장차 자율적인 동작의 기술을 습득하게 해주는 놀라운 마이엘린의 감싸주기 과정, 관찰 그리고 모방을 촉진시켜 준다. 처음의 두 가지 요소, 즉 마이엘린의 감싸주기와 관찰은 아기에게서 언제나 진행 중인데 모든 모방하기가 제대로 시도되지 못하기 때문이다. 움직이기 위한 강한 욕망이 충분치 못한 공간으로 인해 만족치 못하다.

각각의 새로운 동작을 만드는 능력과 함께 성장에 관련된 신경세포와 점점 전문화되는 신경경로 사이의 결합이 발달한다.

생후 12개월 동안 자유로운 동작의 발달을 위해 아기를 돕는 가장 좋은 방법은 이미 얘기했듯이 크고 낮은 침대를 놓아주고 가능한 한 오래 바닥에서 놀게 하고, 그들의 동작을 방해할 수 있는 다른 침대종류를 피하도록 하는 것이다. 아기에게 허용된 장소에는 거울을 한 개 두는 것이 좋은데, 이것은 아기들이 자신이 어떻게 움직이는지를 볼 수 있게 해준다. 7개월쯤 되면 벽에 막대기를 고정시켜 주거나 무거운 걸상을 두어서 아기가 그것을 잡고 스스로 일어설 수 있게 도와준다. 그러나 소파나 등걸이 의자 같은 일반가정의 가구들도 이런 용도로 쓰일 수 있다.

작고 사용하기 쉬운 물건들을 아기의 공간에 놓아준다. 극복해야 할 어려움이 너무 큰 것이면 안 되며, 긍정적인 결과가 얻어져서 아기가 그의 활동범위 안에서 성공할 수 있다는 가능성을 느낄 수 있어야 한다. 색깔 있는 공을 주더라도 충분히 작아서 아기가 그의 손으로 잡고 편안하게 가지고 놀 수 있어야 한다. 무엇이든 생후 1년 미만의 아기에게 줄 물건은 조심스럽게 선택되어야 하며, 동작의 발달은 항상 "가능하다", "나는 할 수 있다"는 느낌이 함께 따라야 한다.

아기가 걸을 수 있게 되면 몸 움직이는 것을 도와주던 임무에서 자유롭게 된 손이 할 일이 필요한 시기가 시작된다. 이렇게 그들의 동작은 인간성의 성장이라는 긍정적인 결과를 낳게 된다. 이제 아기는 우리의 가장 훌륭한 협력자가 되어야 하는 것이다. 선 자세가 평형을 찾게 되면 아기는 우리와 함께 모든 것-자신을 보살피고, 자신의 환경과 관련된 모든 행동, 즉 옷을 입고, 음식을 준비하고, 상을 차리고, 마루를 닦고, 접시를 닦고, 청소하는 등의 일을 같이 할 수 있다. 이런 일들은 "일상생활"에 속하는 잡일들로 분명히 어른들은 가장 싫어하는 일들인데, 1~4세 사이의 어린이들은 이런 일들을 좋아하고 거기에 참여하도록 요청 받으면 기뻐한다.

마리아 몬테소리는 왜 아이들이 생후 첫 몇 해 동안 일상적인 일들을 하고 싶어하고 그것을 주장하는지를 설명했다. 그녀는 어른들과 아기들이 이런 일들을 완성하고자 하는 두 가지 다른 목적들을 분명하게 이야기한다. "아기들에게 있어 그 일은 그가 되어야 하는 인간을 창조하는 것들로 이루어져 있고, 어른들은 자신의 환경을 개선하기 위해 일하는데 반해 아기는 자기 자신을 개선하기 위해 일하는 것이다."

일상생활의 여러 가지 일들은 아기들이 이 나이에 구하는 것과 정확하게 일치하는데, 그 일들은 그들의 근육에너지를 요구하고, 그들 자신과 그들이 함께 사는 사람들에게 유용한, 눈에 보이는 결과가 있는 행동이다.

이런 일들은 그들의 기동능력을 향상시키는 독특한 기회를 주는 한편 구체적인 보상과 만족을 준다. 아기가 옷을 입고, 음식이 준비되고, 가족 또는 공동식사를 위해 상이 차려지는 것이 그것이다. 그러한 놀라운 결과를 얻기 위해서는 아기에게 하나의 공간이 주어져야 하는데, 단순한 신체적 공간뿐만 아니라, 무엇보다도 우리의 삶 속에서 그의 존재가 인정되고 받아들여지는 것을 보여주는 공간이 필요하다. 아기가 우리와 함께 살기 시작하면 우리는 우리 생활을 아기의 욕구에 맞게 조직해야 한다. 아기들의 성장에 알맞은 환경을 준비해야하는 것이다. 어른들은 항상 다른 두 가지 오해 때문에 어린이들의 적극적인 동작을 받아들이는 것을 매우 힘들어한다.

① "어린 아기들은 자신의 동작을 조정할 능력이 없기 때문에 너무 많은 자유는 그들을 많은 위험에 노출시킨다." 이것은 사실이 아니다. 아기들에게 출생 직후부터 동작의 자유가 주어지면 그들은 공간 속에서 자신 몸의 위치에 대한 놀라운 지각력을 발달시켜서 새로운 동작들을 할 때 매우 조심스러워진다. 그들은 자신의 기동기술을 그만두려 하지 않는다. 수년 동안의 경험을 통해 우리는 그런 어린이들이 위험하게 행동하는 것을 결코 보지 못했다. 그들은 언제나 어른의 말을 듣고, 충고를 받아들이고, 가르침에 따른다. 그들은 상호신뢰의 관계를 가지고 있다. 우리는 그들을 믿고 그들은 우리를 믿는다. 그들은 자신들에게 성장을 위한 가르침과 기회를 주려한다는 우리의 희망을 매우 잘 이해하고 있기 때문이다.

② "어린 아기들은 환경을 존중할 줄 모르며 따라서 우리는 그들의 파괴적 행위로부터 우리들을 보호해야 한다." 그렇지 않다. 그러나 아기들이 자신들의 동작에 익숙해질수록 우리들은 현실적인 목적이 없는 행동을 진전시키려는 아기들의 행동영역을 제한하게 된다. 환경 속에서 아기들에게 사용법을 가르쳐 주게 될 실제 물건들을 쓰도록 하는 대신에 우리는 실제경험과 관계없는 장난감들을 준다. 아기들은 매우 빨리 우리가 일을 아기들 자신과 같이 하고 싶어하지 않는다는 것을 알게 되고 그 이유는 우리가 아기 자신들의 선의와 능력, 그리고 가족 또는 공동체 행위에 참여하고 싶어하는 자신들의 욕망을 믿지 않기 때문이라고 생각한다. 사실은 우리가 아기들의 도움을 원하지 않는 것으로 보여진다.

이 결과는 아기들이 잠재력을 발달시키고 정신과 신체 사이에 필요한 통합을 이룰 기회를 잃게 되고, 한편 어른들은 자발적인 협력자와 어른의 도움과 봉사 덕분에 매일 조금씩 성장해 가는 아기들을 보는 기쁨의 기회를 잃게 된다.

노래나 음악의 리듬에 대한 몸의 동작인 춤은 모든 사람들이 좋아하고, 이 인간문화의 표현은 모든 문화 속에서 발견된다. 아기들 역시 춤추기를 좋아한다. 아기들이 리듬에 몸을 움직이면서, 그리고 어른들과 함께 춤추면서 기뻐하는 것은 확실하다. 이것은 높은 수준의 근육조직의 조절을 요구하는데, 음악에 맞춰, 시간 내에 동작을 끝낼 수 있어야 하기 때문이다.

아주 어린 아기라도 다른 사람들을 따라 하려고 모든 노력을 한다.

오늘날, 과학은 아기들이 태아기에 근거를 둔 리듬감을 타고난다는 것을 인정한다. 태아는 하루 종일 엄마의 양수에 둘러싸여 엄마의 동작에 의해 흔들어 재워지고, 게다가 끊임없이 엄마의 심장고동과, 특히 임신초기에 온몸을 움직여주는 태아 자신의 고동이 있다. 그러므로 아기들은 이미 출생 전부터 다양한 리듬에 의해 자극 받고, 반응하도록 고무된다. 애슐리 몬태규(A. Montagu)가 썼듯이 "생명의 춤이 이미 시작된 것이다."

아기와 어린이들이 음악에 맞춰 춤추는 것에 매우 즐겁게 정열적으로 반응하는데, 음악은 고요를 회복시키는 데에도 사용될 수 있고 또한 아기의 에너지의 긍정적인 배출구를 제공할 수도 있다. 어린이들은 자신의 몸을 움직일 필요가 있을 때에만 적극적으로 되는데, 여러 가지 이유로 환경 속에서 적절한 행동을 발견하지 못한다. 어린이들이 음악이란 언제나 몸동작의 결과라는 것을 깨닫는 것은 중요하다. 자연스러운 소리들도 많지만 어린이들은 음악이란 입과 손, 그리고 여러 가지 근육을 이용해서 인간이 만들어낼 수 있다는 것을 이해할 필요가 있다. 그들은 얼마나 많은 다른 종류의 악기들이 있다는 것을 알아야 하며, 음악가들이 다른 음악 소리를 내기 위해 어떻게 동작을 조절하는지 볼 기회가 있어야 한다.

움직임과 지식

종합된 움직임, 즉 동작의 발달이 반드시 마이엘린의 정확한 감싸주기와 기능적으로 전문화된 신경경로 형성에 의해서만 이루어지는 것은 아니며, 그것들과 관련된 중요한 심리적 측면에서도 발달되는 것이다. 우리는 이미 인간에게 일어나는 모든 일은 신체적 · 심리적 양쪽의 효과가 있다는 것을 강조하였다.

움직임의 신체적 측면은 신경섬유 주변의 외장발달과, 전문화된 신경경로의 형성, 그리고 뼈와 근육의 발달로 대표된다. 이를 위해 지방을 포함한 좋은 음식이 필요한데, 마치 유기체 내에 있는 칼슘과 인의 사용을 번갈아 통제하는 비타민 D를 햇볕이 제공하는 것과 같다. 심리적 측면에서 보면 기동행위가 어린이에게 자신과 자신이 사는 환경과 관련하여 더 많은 정보를 줄 수 있다는 지식에 있다.

동작과 지식 간의 관계는 아기가 목적을 가지고 움직일 때 어떤 일이 일어나는가를 생각하면 쉽게 이해될 수 있다.

① 아기는 환경으로부터 자극(시각적, 청각적)을 받아들인다.

② 아기 안에서 흥미가 생겨 자극의 원인이 있는 쪽으로 움직이고 싶은 충동이 생긴다.

③ 근육작업이 이루어지고, 자극물체에 다가가고자 하는 동작이 만들어진다.

④ 대상에 대한 경험이 두뇌에 그것에 대한 정보를 전달해 준다.

⑤ 새로운 자료가 만들어지고(아기의 행동에 아무런 방해도 없다면), 지식이 되어 머리에 축적되고 필요할 때엔 언제고 사용된다. 이런 방법으로 인간의 개인 자원이 풍부해지는 것이다.

움직임과 지식 간의 관계에 대해 생각해 보자. 이러한 지식은 정신의 기본정보, 기본적인 개인 프로그램의 일부다. 이 정보는 다음을 포함한다.

1 자신에 대한 기본신뢰

움직임의 자유가 있는 아기들은 자신의 생각과 흥미를 추구할 수 있다고 느낀다. 물건을 보고, 그것을 만지고 그것을 손으로 입으로 탐구하는 경험이 반복되면, 우리가 뭔가를 원하면 몸을 움직여서 그것을 가질 수 있다는 것을 확신하는 마음을 갖게 된다. 이것이 건강한 자아가 성장하는 방식이고, 인간 삶의 문제들을 성공적으로 처리할 수 있게 된다. 생후 2개월 후에는 외부세계에 대한 기본신뢰를 발달시켜야 하며, 걷기 시작하고 환경 속에서 자유롭게 움직이는 자신의 능력을 시험하는데, 이미 많은 시간을 보낸 한 살쯤에는 자기 자신에 대한 기본신뢰를 습득해야 한다. 인간의 방식으로 걷는다는 것이 두 다리로 스스로를 지탱할 수 있다는 것을 의미한다는 것은 흥미로운 일이다. 위에 설명한 두 가지 형태의 기본신뢰는 우리에게 있어 세상을 살아 나가야 하는 심리적인 두 개의 다리가 된다. 이것들이 튼튼하다면 어떤 충격에도 이겨나갈 수 있다. 인간성의 지지가 견고하기 때문이다. 이들 받침대 중 하나만 있거나 하나도 없는 인간은 그의 인생행로가 퇴보하고, 어렵고, 느리고, 때때로 불가능하다는 것을 발견하는데, 이것은 마치 자신이 단 하나의 다리로 또는 다리가 없이 걸어야 하는 것을 발견하는 것과 같다.

2 자기 확신

이것은 자기 자신의 자원을 의지할 수 있다고 느끼는 내적인 느낌인데, 이 자원은 자유로운 동작을 사용해 환경 속에서 행했던 적극적인 일들의 경험에서 오는 것이다. 생후 첫 몇 개월 간의 적극적인 동작은 자기 확신을 끌어내는 정신－몸의 전체적인 경험을 제공해 주며, 이 귀중한 도구로 인생의 모든 도전에 대처할 수 있는 것이다. 매번 그의 적극적인 동작을 박탈당할 때마다 아기의 성장하는 자아는 기초를 위협 받게 되고 그는 예상할 수 없는 심각하고도 오래가는 영향을 받게 된다. 아기가 걸을 때면 그는 우리의 일상생활에 참여하고 싶어하며 우리와 함께 걷고 싶어할 것이다. 우리는 그들의 손의 사용뿐만 아니라 아기의 동작을 완성하도록 도와주고 그의 정신에 들어가게 되는 그 자신에 관한 다른 중요한 정보를 습득하도록 도와주어야 한다.

3 독립과 자율의 감각

아기들은 점차 외부의 도움을 청하지 않고도 자신이 필요로 하는 모든 것을 제공할 수 있게 되며 "내가 필요한 것은 스스로 구한다."고 확신하는 감각을 발전시킨다.

4 자기존중

일상생활에의 참여는 적극적인 방법으로 그것을 공유하도록 요구받는 사람에게 존중받는다는 느낌을 발달시킨다. 어린이는 그들이 살고 있는 세계의 소비자일 뿐만 아니라 생산자이기도 한다. 환경을 바꾸고 변화시킬 수 있다는 기본경험은 사람에게 영원히 지속되는 개인의 가치를 느끼게 해준다. "나는 가치 있는 무엇이다."라는 생각이 "나는 할 수 있다."라는 이전의 생각에 더해져서 "나는 중요한 것들을 할 수 있다."가 된다.

5 사회적인 참여

실용적인 일은 사회적인 중요성을 가지는 일이다. 아기들의 존재는 중요하고 필요한 것이며, 이것은 그들이 살고 활동하게 될 환경에 대한 책임감을 일깨워준다. 자아는 계속해서 발전하며 정확하게 전달되는 성장하는 근육의 능력들에 의해 강화되고 자기실현에 사용된다.

마리아 몬테소리는 손과 지능에 관해 말하길 "손동작을 통해서 아기는 높은 단계의 지능에 도달하는데, 누구든 그 자신의 손으로 일한 사람은 더 강한 성격을 갖게 된다. 이것은 정신적인 활동으로 보일 수도 있는 성격발전에서도 마찬가지인데, 아기가 환경 속에서 활동하는 것이 허락되지 않는다면 여전히 미발달 단계에서 머물러 있게 된다. 나의 경험으론, 어떤 환경적인 특색에 의해 아기가 손을 사용할 수 없게 되면 그의 성격은 매우 낮은 단계에 머물게 되며, 순종적이거나 창의적이지 못하며 게으르고 우울한 반면, 손으로 일을 할 수 있는 아기는 괄목할만한 성격의 발달이나 강인함을 보여준다."

어른과 아기들이 매일의 생활에서 동작을 활용하는 방법이 얼마나 다른지를 기억하면 아기들을 돕는 것이 한결 쉬워질 것이다. 생후 14~15개월 된 아기는 10명을 위한 식탁을 잘 준비할 수 있지만 어른이 하는 방법과는 매우 다르다.

동기가 다른 것이다 : 어른이 그 일을 하는 행위 속에서 어떤 특별한 재미를 발견하지 못하고 가능한 한 빨리 끝내려는 반면, 아기는 그 일을 그의 동작을 완성하는 하나의 기회로 생각한다. 이것이 그가 물건을 한 번에 하나씩—숟가락 한 개, 포크 한 개, 컵 하나 등—옮기려는 이유다. 이 작업의 전체적인 기쁨이란 각각의 물건들이 테이블의 바른 위치에 옮겨지는 동작의 반복에 있는 것이다. 아기는 부엌과 테이블 사이를 기뻐하면서 왔다 갔다 하며, 공동의 식사시간을 위한 테이블 준비라는 진짜 임무를 수행하는데 만족한다. 이 행위의 매 순간마다 결과를 작업자가 볼 수 있고 노력에 대한 대가는 행위 그 자체이며, 그것이 커져가는 기쁨과 함께 아기가 그 일을 계속하게 해준다. 이런 방식의 일은 시간에 많이 걸리는 것은 사실이다. 바로 이 점이 어른과 아기들의 다른 점이다. 어른들은 시간을 좀 더 가지려 애쓰고 실생활의 반복적인 행동을 빨리 처리하려고 노력하는 반면, 아기들은 그 일을 수행하는 과정에서 만족감을 경험한다. 그들은 이 일을 성장과 개인적 향상을 위한 진짜 기회로 보기 때문이다. 실제적인 임무를 주면 아기들을 계속 행복하게 해줄 수 있는 한편, 그들의 동작이 종합적으로 발전하고 자아가 성장, 강화되며, 개인의 자기방어능력과 자기존중이 계속 향상된다. 이런 중요한 메시지들이 아기가 성장하면서 흡수되고 미래의 모든 행동들을 통해 그를 지탱해 줄 것이다.

"나는 할 수 있다. 나는 능력이 있고, 나는 가치 있는 사람이다. 나의 협력은 나와 함께 사는 사람들에게 필요한 것이고, 내가 하는 일은 타인들에게 중요하며, 나는 내 일을 통해 나를 둘러싼 세계를 변화시킬 수 있다."

움직임에 있어 의복의 중요성

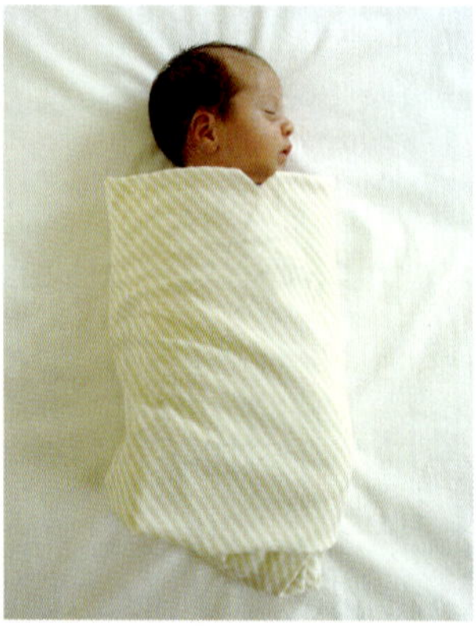

움직임의 발달에 있어 의복의 중요성은 확실히 과소평가 되고 있지만, 이것은 우리가 충분히 주의를 기울일 필요가 있다. 아기에게 옷을 입힐 때 흔히 유일한 관심이 외부의 온도로부터의 보호와 청결에 있는 것처럼 보이지만 때로 더 많은 관심은 미적인 것에 있다. 그러나 아기 동작의 자유에 대해 관심을 갖는 부모는 별로 없다. 아기들의 옷은 거의 언제나 행동을 하는데 걸림돌이 된다.

이것은 신생아 때, 손을 완전히 덮는 긴 팔이 달린, 긴 웃옷을 입히는 것부터 게다가 많은 산부인과 병원에서는, 수세기 동안 그것이 정상적인 것으로 여겨진 이유로 조금도 몸을 움직일 수 없는 배내옷에 작은 아기들을 감쌌던 것처럼, 아기들이 담요에 꼭꼭 감싸지고 있다. 사실 자궁 안에서 태아는 언제나 몸의 여러 부분들을 움직일 수 있었지만 태어난 후에 더 많은 공간을 사용하기는 커녕 자신을 구속하는 옷과 덮개에 갇혀 있다면 얼마나 힘들 것인가!

신생아들은 그들의 동작으로 이런 구속들과 싸우려 노력하고 울기 시작하지만, 거의 이런 저항에 대한 알맞은 응답을 얻지 못한다. 대개의 반응은 움직임이 필요한데도 불구하고 불필요한, 차라리 해롭기까지 한 고무젖꼭지를 빨게 해서 그들의 관심을 돌리는 것이다. 이것은 성장하도록 계획된, 유용한 인생이 어떻게 생의 첫 날부터 아기를 자유로운 움직임과 관련된 총체적인 정신, 신체적 활동으로부터 떼어놓는 순간적인 효과만을 추구하는 파괴적인 경험으로 빗나갈 수 있는지를 보여주는 고전적인 예이다. 그 결과로 오랫동안 지속되는 효과 중의 하나는 입의 만족을 계속해서 찾게 되는 것이다. 입의 만족이란 인생에서 언제나 중요한 것이지만 다른 형태의 만족, 즉 결과적으로 환경으로부터 얻어지는 만족을 대신할 수는 없다. 많은 신생아들은 동작의 자유를 얻으려는 노력을 하다가 지쳐서 자신의 내부로 후퇴하고, 행동하고 싶은 강한 욕망에 따라가 주지 못하는 몸을 가졌다는 불편한 상황으로부터의 유일한 탈출구로 잠을 이용한다. 시간이 흘러가도 아기에게 주어지는 옷들은 여전히 부적합한 것인데, 몸을 너무 덮거나, 너무 크고 길어서 동작을 계속 제한하기 때문이다. 수축성이 있으며 짧고 따뜻한 바지는 무릎을 자유롭게 해서 미끄러지거나 기어다니는데 유용하다. 발이 쉽게 움직일 수 있는 따뜻하고 부드러운 양말(특히 바닥을 누르고 앞으로 미는데 중요한 발가락이 자유로워야 한다), 가볍고 따뜻한 천으로 몸에 잘 붙는 옷 등은 어떤 나라, 어떤 계절에도 아기들을 온도로부터 보호하면서 동작의 자유를 줄 수가 있다.

동작의 중요성을 안다면 적합한 의복이 아기의 동작을 종합하는 능력으로 수준을 올려주며, 그가 행복하고 잘 통합된 인간으로 성장하는데 필요한 개인적 자립을 얻도록 하기 위해 많은 것을 해줄 수 있다는 것이 더욱 분명해질 것이다.

Chapter 8 언어의 발달

대화의 신비

인간의 모든 능력을 생각해 볼 때, 언어의 발달은 놀라운 것이다. 우리 자신과 또는 다른 사람들과 대화하고, 그들과 모든 내적인 이야기와 외적 현실을 나누는 이 최고의 도구는 정말이지 굉장한 것이다. 언어는 개인적, 사회적 발전에 있어 중요한 것이다. 개인에 의해 사용될 뿐만 아니라 사회 속에서 계속적인 상호교환을 통해 언어와 그것을 사용하는 모든 사람들을 풍요롭게 하기 때문이다.

모든 대화는 변화의 가능성이 매우 큰데, 의식하지 못할 수도 있지만, 매일 계속적으로 새로운 명사, 동사, 형용사와 특별한 문장들이 새로운 감정과 역사의 새로운 사건들, 그리고 그 언어를 사용하는 모든 사람들의 새로운 의식수준을 표현하기 위해 만들어진다. 종합된 동작의 발달은 여러 단계를 거쳐서 진행된다. 세계의 모든 아이들이 같은 단계들을 거친다. 그러나 언어를 생각해 보면 상황은 다르다. 비록 배우는 시간은 같을 수 있지만 학습된 언어는 모두 다르다!

세계에서 사용되는 언어는 너무도 많다. 역사를 뒤돌아보아도 늘 마찬가지 상황을 발견하는데, 언어에 있어서는 똑같은 가능성이 너무나 많은 다른 방법으로 사용될 수 있다. 우리의 소리상자에 의해 만들어지는 소리의 종류는 제한되어 있다. 그러나 그들은 무한한 조합을 할 수 있으며, 새로운 소리를 만드는데 있어 한계가 없는 것 같다. 아이들조차도 오직 그들만이 쓸 수 있는 개인의 언어를 구축한다. 언어의 논리적 귀결을 생각해 보면, 소리들이 신호가 되는 논리적 변환인데, 각 민족마다 이 변환을 다른 방식으로 만든다는 것을 알 수 있다. 과거로부터 현재까지 우리는 대화하고 또 시간과 공간의 한계를 초월하기 위해 대화를 보존하는 방법을 연구하고 찾아내는 인간의 잠재된 놀라운 창의력을 볼 수 있다.

많은 언어가 사멸되었어도 여전히 그 언어들로 쓰인 글들을 읽을 수 있는데, 이런 식으로 우리는 과거의 인간들과 대화할 수 있고 그들 생활의 많은 면에 대해 배울 수 있다(그들이 자신의 감정을 어떻게 표현했고, 어떻게 가족생활을 영위하고 국가의 일들을 어떻게 처리했는지, 여러 가지 상황에 대처한 그들의 방법 등, 그들의 모든 노력이 보존되어 있다). 최근에 과학단체에서 있었던 주된 토론은 이 놀랍고 신비한 인간적 표현연구에 대한 깊은 관심을 분명히 보여주었다.

일반적으로 인간은 실제로 말하는 것을 배우기 훨씬 전에, 정신 속에 이미 언어를 습득하는 기능이 확립되어 있다고 말할 수 있다. 보편적인 문법에 대한 완벽한 지식이 아기의 머릿속에 이미 계획되어 있다. 언어란 모든 인간사회에 의해 쌓여진 보물이며, 그 사회의 모든 구성원에게 그 생활에 참여할 수 있도록 하기 위해 주어진 선물이다. 그러나 우리가 언어란 단순히 기능적인 능력이나 단어의 "반복"으로 이루어지는 것이 아니라는 것을 깨닫지 못하면 언어의 위대함은 결코 이해할 수 없을 것이다. 오히려 단어는 생각에 의해 받쳐지는 한편, 생각은 다른 사람들과 나누는 언어의 사용에 의해 유지되고 확장된다. 이것이 바로 상호지원적이고 서로를 강화시켜 주는 체계이며, 인간의 의식을 넓혀주고 더 넓은 현실을 납득할 수 있게 해준다. 이와 마찬가지로 중요한 것은 내적인 언어, 즉 우리로 하여금 우리의 생각을 집중하고 그것들을 검토하며, 자신의 생각을 정리하기 위해 자신에게 질문하고 대답하는 내적인 대화이다. 우리 자신의 안팎에서 오는 모든 정보는 끝없는 자료의 흐름을 이해하고, 축적되고 대화할 수 있는 조직된 자료로 바꿔주는 두뇌기능의 처리를 거치지 않으면 생각으로 바뀔 수 없다. 내적 언어는 주의와 집중을 요하며 우리는 타인과 진실로 대화하기 위해서 우리 자신과 말하는 법을 배워야 한다. 그런데, 불행하게도 우리는 언어를 생각과 분리할 수가 있어서 우리의 생각과 일치하지 않는 것을 말로 표현할 수가 있다. 이것이 내적인 고통을 유발하며 개인의 주체성을 위협하기도 한다. 비록 어린 아기일지라도 자신의 마음속에 일어나는 것이 환경에 의해 받아들여지지 않고 함께 말로 나눌 수 없다는 것을 깨닫게 되면 생각에서 언어분리하는 법을 배우게 된다. 이때 내적인 분열이 일어나고 말이 더 이상 생각에 의해 뒷받침되지 않으며, 자신을 표현하는 수단이 아니라 자신을 은폐하는 수단이 된다.

언어발달의 단계

언어의 기원과 발달에 있어서는 다른 많은 의견들이 있지만, 모든 학자들이 언어의 습득에 두 가지 큰 단계가 있다는 데에는 동의한다.

① 전 어학 단계(Pre-linguistic Period)로 출생(혹은 그 이전)부터 10~12개월
② 어학 단계(Linguistic Period)로 12~36개월까지 해당된다.

전 어학 단계(Pre-linguistic Period)는 언어발달의 첫 단계인 생후 10~12개월까지, 이 단계에서 아기가 하는 모든 일은 그 자신 안에서 이루어지며 아주 적은 부분만을 밖에서 관찰할 수 있다. 그것을 도와주려면 이 침묵의 과정을 인식할 필요가 있으며, 아기들에 대한 생각을 바꾸려면 그들을 주의 깊게 관찰해야 한다. 태아기 동안 축적된 기억들 덕분에 신생아들은 외부생활의 첫 순간부터 엄마의 목소리를 알아낼 수 있으며, 엄마가 말을 하면 그쪽으로 얼굴을 돌린다. 우리는 또한 아기들이 곧, 특히 사람의 목소리에 특별한 관심을 보이는 것을 알 수 있다. 그들은 이미 언어의 민감기 단계에 들어온 것이며 아기들은 인간의 목소리를 가장 좋아하는 환경의 소리로 생각하는 것이다. 생후 첫 몇 주 동안 우리는 우는 아기에게 다가가서 조용히, 다정하고 부드럽게 이야기하는 것으로 울음을 그치게 할 수 있다. 인간의 목소리는 우리의 감정과 대화할 수 있으며 아기들을 진정시키고 안심시킬 수 있다. 사람들이 자신이 들을 수 있는 범위 내에서 이야기하면, 신생아들은 유전적으로 언어센터를 가지도록 되어있는 뇌 반구에서 확실한 뇌파반응을 보여준다. 우리는 또 신생아들의 울음이 상황에 따라 다르며, 아기에 따라서도 다르다는 것을 인식해야 한다. 아기의 울음에는 양적으로, 질적으로 굉장히 다양한 종류가 있다. 이것을 깨닫는 중요한 이유는 우리가 이 대화의 형태를 알게 되면, 진정으로 적합한 언어를 발견할 수 있기 때문이다. 소리와 리듬은 감

정과 욕구의 표현을 똑똑히 이해할 수 있는 방법으로 나타낸다. 더구나 주어진 옷과 장소 때문에 울 수밖에 없는 아기들은 몸의 여러 부분들을 많이 움직여 울면서 자신의 소리표현에 힘과 확실함을 더해준다.

생후 첫 2개월 동안 아기의 울음에서 재미있는 것은 그들이 호흡 간격을 다르게 조절하면서 운다는 것이다. 이런 방법상의 변화는 우리에게 아기들이 환경에서 말하고자 하는 것에 대해 많은 것을 가르쳐 준다. 생후 2개월이 지나면 아기는 자신의 소리를 조정하는 능력을 가지게 되는데 이것은 후두의 다른 신경에 대한 마이엘린 감싸주기가 끝난 후, 후두의 다른 기능이 완성된 결과로써 어머니가 보살펴 주는 동안 서로의 눈을 바라보면서 대화할 기회가 많은 직접적인 관계 속에서 주로 엄마와 사용한 언어형태다.

3~4개월이 되면 새로운 형태의 표현이 나타나는데, 모음들이 매우 분명하게 만들어져 맑고, 자발적으로 즐겁게 거의 소리 지르듯이 나온다. 주변의 사람들이 이 모음소리에 흥미를 보여주고 응답해 주면 아기는 즐겁게 참석자들에 대한 보답으로 이야기를 시작한다.

5~6개월이 되면 음, 다 등의 몇몇 자음들이 분명하게 나타나 이미 사용된 모음들과 함께 사용된다. 이 소리들을 반복하면서 자연스럽게 "맘마", "바바" 또는 "다다"등의 단어가 만들어진다. 아기는 곧 "엄-마"라고 말하는 것이 엄마로부터 큰 반응을 일으킨다는 것을 발견하고 그런 반응을 만들어내는 소리들을 만드는데 열중한다. 아기는 소리기관의 큰 가능성을 발견하고 즐겁게 그것들을 계속 연습한다. 이 기간에 아기는 일어나면 곧 말하기 시작한다. 그리고 자신의 소리연습에 관심을 가지고 듣고 집중한다. 이렇게 그들은 소리 만드는 기쁨을 발견하고 확인하며 엄마와의 대화 속에서처럼 그것들에 반응하면서 기뻐한다. 동작의 경우와 마찬가지로 몸이 할 수 있는 모든 것을 발견하는 것은 큰 기쁨을 준다. 언어의 경우 아기는 자신의 입과 후두에 마음대로 사용할 수 있는 귀중한 장치가 있다는 것을 느끼기 시작한다. 언어의 발달을 생각해 볼 때 소리를 낼 수 있는 능력과 뜻을 이해할 수 있는 능력을 구별해야 하는데, 이 두 가지가 늘 함께 가지는 않으며 대개 후자가 전자를 앞서기 때문이다.

7~8개월이 되면, 아기들은 같이 사는 어른들의 다양한 제안에 대해 적절하게 대응할 수 있다. 예를 들어 "손뼉을 쳐 보세요", "안녕이라고 해보세요" 또는 옷을 입힐 때

"손을 주세요(또는 발)" 등 환경이 자극을 주고 도움을 주면, 아기는 계속 전진하고 12개월이 되면 그의 첫 단어를 말할 수 있게 되는데 이 말들은 가족의 일원 및 음식과 관련된 것, 인사말 등이다. 이런 말들을 단문이라 부르는데 단어 한 개 한 개가 완벽한 상황을 표현하기 위해 사용되며 전체적인 문장처럼 기능하기 때문이다. 단어-문장의 뜻은 아기와 같이 사는 사람이거나 그 몸짓, 어조와 이 특수한 형태의 대화와 관련된 배경을 아는 사람만이 이해할 수 있다. 다른 모든 어른들은 엄마처럼 "해석"할 수 있고 단어 하나에 담긴 모든 것을 설명할 수 있는 통역이 필요하다. 한 살이 되면 아기들은 3~4개의 단문을 쓸 수 있다. 아기가 바로 그곳에 있지 않은 상황이나 사람들에 대해 말하기 시작하거나, 어떤 요구에 대해 전에는 몸을 움직여 반응하던 아기가 말로 응답하기 시작하면 이것은 매우 중요한 단계이다. 이 단계에서 진정한 대화가 시작되기 때문이다. 아기들은 명사에 대해, 특히 어려운 것들에 대해 큰 애정을 보이며, 어휘는 매일 새로운 단어로 풍부해진다. 노벨상 수상자 죤 에클즈 경은 이렇게 썼다. "아기는 단어들에 굶주려 있어서 사물들의 이름을 물어보며, 혼자 있을 때에도 멈추지 않고 연습한다" 우리 경험에서 보면, 14~24개월 사이의 아기들이 커다란 카드(20㎝×20㎝)에 그려서 보여준 15마리 고양이의 희귀하고 특별한 이름을(또는 새, 꽃, 특수한 교통수단 등) 익히는 것을 본 적이 있다. 이 기간에 아기와 함께 있을 어른을 훈련시키는 것은 결정적으로 중요한 일이다. 아기들이 "사물에 이름을 붙이는 민감한 시기"에 있다는 것을 이해하고 단어의 굶주림에 적절히 대응해 준다면 아기들에게 평생 동안 지속될 풍부하고, 정확한 언어를 제공할 수 있다. 이것은 그들의 현실에 대한 이해의 질적, 상대적 차이를 나타내준다. 아기들은 점진적으로 인간이 되기 위해 성장을 한다. 그들이 경험하고 대화하고 싶은 상황에 맞는 단어를 아는 것은 그들에게 커다란 내적 방어능력을 주고 환경에 대한 바른 통제력을 가지게 해준다. 이것이 마리아 몬테소리가 "언어의 폭발"이라고 부른 순간이다.

24개월쯤 되면 아기들은 200단어 정도를 비교적 정확하게 발음하며 사용한다. 대명사 "나"를 아직 사용할 줄 모르기 때문에 그들은 제 삼자 입장에서 자신들에 대해 이야기한다.

20~36개월 아기는 말의 다른 부분을 배운다. 문장이 더 길어지고 복잡해진다. 아기들은 언어의 사용과 이해를 통해 외부세계와 자신들에 대한 이해의 수준을 인상적

으로 보여준다. 그들은 주변에서 일어난 일과 개인적 감정을 표현할 수 있으며 여러 가지 상황을 판단하거나 "싫어"라고 말하면서 반대할 수도 있다.

32~36개월쯤 되어 그들의 어휘에 "나"라는 말이 나오면, 개인의 주체성 발달에 있어 매우 중요한 단계에 이른 것이다. 이것은 인간으로서 커다란 성장의 순간인데, 인간의 모든 특성을 가진 "사람"이 탄생한다. 이 사람은 이제 환경 속에서 그의 위치와 역할을 분명히 이해하고 있으며 "나"라는 단어를 사용함으로써 그의 주체를 주장하고, 독특하고 하나밖에 없는 인간으로 인정해 달라고 요구한다. 이것은 그 아기의 성장과정에서 획기적인 사건이며 혼자 일어서거나 두 발로 일어서는 것은 신체적 주체성의 유아적 표현이다. 이것이 이제는 "나"라는 단어를 이용하여 심리적 주체성의 표현으로 보강되었다. 언어의 발달을 돕기 위해서는 무엇을 할 수 있는가? 이런 질문에 대답하기 전에 모국어를 배우는데 필요한 세 가지 기본 필요조건을 정리해 보자.

① 잘 들을 수 있는 능력

② 기능적인 소리장치, 즉 해부학적으로 잘 발달된 신경을 가진 입과 후두를 가지고 있을 것

③ 환경과 대화하려는 욕구

위에 언급했듯이 언어는 먼저 흡수되고 다음에 모방된다. 아기에게 해줄 수 있는 언어적 도움의 첫째는 아기에게 분명하고 정확하게 말하는 것이다. 우리는 아기에게 처음부터 천천히 그러나 너무 크지 않게 말하기 시작해야 하며, 어머니가 보살피는 중에 또는 다른 어떤 기회이던, 그들과 함께하고 있는 이유를 설명해 준다. 말하는 어조는 우리가 말하는 것을 이해하는 누군가에게 말하는 것처럼 진지해야 하는데, 해주는 일의 중요성을 전달하면서 그들과 대화하기 위해서이다. 물론, 특별한 사랑의 말을 하기 위해 다른 어조를 사용할 수도 있다. 그러나 어른의 생활처럼 두 가지 방식이 언제나 동시에 사용되어야 한다. 아기들이 두 가지를 다 배워야 하기 때문이다. 아기가 우리 앞에서 소리를 모방하기 시작하면 그들에게 응답해서 언어가 하나의 메시지이며 타인과의 대화형식이라는 개념을 갖도록 해주어야 한다. 아기는 단어를 배워야 하고 실제 생활의 문장 속에서 또한 단어를 들어야 한다. 날마다 몸의 다른 부분들을 만지면서 말할 기회가 많은데 목욕할 때, 그리고 보살펴주는 다른 시간에 사용되는 사물들의 이름을 말해준다. 식사를 준비하거나 또는 옷을 입히거나 벗길 때 등… 이름만 말해주고

다른 어떤 설명을 하지 않는 것이 중요하다. 숟가락을 보여 줄 때면 "숟가락"이라는 단어를 2~3번 반복해 준다. 그러면 아기는 자신의 생활에서 질서를 세우고 환경 속의 모든 사람과 모든 물건이 이름을 가지고 있다는 것을 빨리 이해한다. 또한 아기는 어른의 언어와 대화에 "노출"되어야 하는데, 어른의 대화가 풍부하고 잘 발달된 것이면 아기는 같은 수준으로 익히게 된다. 아기들에게 말할 때, 어른들은 언제나 자신이 사용하는 표현에 주의하면서 분명하게 말해야 한다. 아기들은 자신들이 표현할 수 있는 것보다 훨씬 많이 이해하기 때문이다. 아기들이 무언가를 표현하려고 애를 쓸 때 절대로 웃거나 그들의 빈약하고 이해할 수 없는 시도를 놀려서는 안 된다. 아기들은 대화할 수 있는 자신의 능력에 자신감을 가져야 하므로 계속하도록 격려해야 한다. 또한 아기들이 당신을 더 잘 이해한다는 것을 생각하면서 그들의 말 실수를 흉내 내지 않는 것도 중요한데, 그들은 마음속에 정확히 발음하여 사용하고 싶은 단어가 있는데 소리상자가 충분히 발달하지 않아 분명하게 발음하지 못하기 때문이다. 어른이 도울 수 있는 가장 좋은 방법은 그 단어를 반복해서 말해줌으로써 아기가 자신의 노력이 이해 받고 있다는 것을 확신시켜 주고, 동시에 정확하게 발음된 표본을 제공해서 다음에 그것을 발음하기 쉽게 해준다. 기본적인 개념은 실수를 비웃는 대신에 노력의 결과를 존중하면서 받아들여야 한다. 우리의 태도의 차이는 언어습득에 있어 눈에 띄는 질적 차이를 만들어낸다. 네 살 또는 다섯 살이 되어도 여전히 "유아적"으로 말하는 아이들 대신에, 분명하고 정확하게 말하는 두 살이 된 아기가 되는 것이다.

책은 잘 선택하기만 한다면 큰 도움이 될 수 있다. 책이 현실을 이야기하고 있다면 반드시 검토해 보아야 한다. 왜냐하면 어린 아이들은 자신들을 둘러싼 환경과 생활을 이해하려고 노력하므로 진지하게 표현된 이 현실을 살펴볼 필요가 있다. 그들은 우리가 말해주는 모든 것을 믿으므로 우리는 정직해야 하며, 나중에 정정되어야 할 잘못된 생각들로 그들의 정신을 채워서는 안 된다. 현실이란 사람들, 가족들, 그리고 그들이 살고 있는 환경으로 그들이 직접 경험하는 것이다. 이런 기초로 시작해서 그들은 자신들의 지식을 넓혀간다.

왜 우리는 그들에게 사람처럼 살고, 행동하는 동물만화들을 보여주는가? 왜 그들의 머릿속을 이런 동물들이 사람처럼 옷을 입고, 침대에서 자고, 소파에 앉아서 커피를 마신다는 개념으로 채워주는가? 매일 사람들 생활처럼 이상하고 재미있는 일은 더 이상 없다. 그러나 우리는 이런 현실을 평가절하하고, 우리 자신의 방식으로 재창조한 것을 더 선호한다. 환상은 그들이 현실을 경험하고, 흡수한 다음에 오는 것이 좋다. 그러면 어린이들은 외부에서 보는 것과 내적으로 생각할 수 있는 것을 구별할 수 있게 된다. 생후 3년간 어린이들은 언어기술을 습득하려는 강한 내적 충동을 마치 동작에서와 마찬가지로 가지고 있으며 진지하게 대접받기를 원한다.

세 번째의 기본 필요조건인 대화의 욕구는 언어의 감정적 측면이다. 자신의 느낌과 경험들을 다른 사람들과 나누기 위해서 당신은 그들과 좋은 관계를 가질 필요가 있다. 어떤 나이이건, 우울하거나 화가 나면, 우리는 대화를 줄이고 심지어 함께 말하는 것을 멈추기까지 한다. 대화의 거절은 우리의 사적인 싸움의 첫 번째 전략이다! 적은 대화나 대화의 결핍은 사람들과 환경으로부터의 분리선언이다. 반면에 익숙지 않은 언어라도 대화하고, 참여하고 싶은 진정한 욕구가 있으면 우리는 믿을 수 없을 정도의 노력을 한다. 때때로 언어를 흡수해서 완벽하게 모방할 수도 있는 어린이가 감정상의 이유로 그것을 사용하지 못하는 경우가 있다. 이런 경우 극단적인 예가 자신을 환경으로부터 격리하기로 의식적으로 결심하고 말을 안 하는 자폐증 어린이이다. 언어의 긍정적인 발달과 사용을 위해서는 좋은 감정적 분위기가 필수적인 조건이다.

생후 2년 동안은 감각 정신적(senso-motor intelligence) 지능기간이라 하는데, 이 기간에 아기들이 자기 자신과 세계를 알기 위해서 그들의 감각과 동작을 이용하기 때문이다. 그러나 그들이 받아들인 정보의 각각의 조각마다 이름을 주어야 한다는 것을 배우게 되면, 아기들은 구체적인 것에서 추상적인 것으로 이동을 할 수 있다. 언어가 감각정신적인 현실을 상징으로 바꾸는 것이다. 이것이야말로 인간 지능발달에 있어 특징적인 도약이다. 말하는 언어와 나중에 배우는 쓰는 언어를 통해 어린이들은 계속 증가하는 지식을 받아들이고 축적할 수 있는, 마음대로 쓸 수 있는 도구를 얻는다. 우리는 어린이들이 생후 첫 몇 년 동안 소리기관을 이용해 소리 만드는 능력을 발견하는 것을 보았으며, 이것을 자유롭게 연습할 수 있어야 하는데 아기들은 너무 자주, 또 대부분은 고무젖꼭지에 점령당해 있어서 매우 부정적인 결과를 낳게 된다. 계속 빠는 것은 아기로 하여금 이 기관들을 오직 음식을 먹는 데에만 쓰게 한다. 다른 사용법이 있다는 것을 아는 것이 매우 중요하며, 특히 다른 사람들과 대화하기 위해 소리를 만들 수 있다는 것을 깨달아야 한다. 이것은 개인적인 기쁨을 위해 입을 사용하는 것에서 환경과 정보교환하는 기쁨을 위해 입을 사용하게 되는 하나의 통과과정이다. 이것은 또한 물건(고무젖꼭지)으로부터 오는 기쁨에서 인간의 상호반응과 연결된 기쁨으로의 이동이기도 한다. 아기들이 자기 주변의 인간들과 연결되고 대화하고 싶어함에도 불구하고 우리는 그것을 장려하는 대신에 그들의 대화를 제한하는 잘못된 형태의 기쁨을 찾게 하는 것이다.

여러 가지 언어의 학습

오늘날 인간에게 중요한 문제는 모국어 외에 하나 또는 그 이상의 언어를 잘 알아야한다는 것이다. 부모나 교육자들은 아이들이 이중 언어를 쓰거나, 다국어를 쓰는 문제에 깊은 관심을 보인다. 그러나 이런 목적을 달성하기 위해서는 언제 외국어를 가르쳐야 하는지가 중요하다. 이 문제를 해결하기 위해, 두뇌의 생리학에 대한 연구에서 방법을 찾아보자. 언어를 관장하는 센터는 오른손을 쓰는 사람들은 왼쪽 뇌 반구에, 왼손을 쓰는 사람들은 오른쪽 뇌 반구에 위치한다. 이런 왼쪽-오른쪽 기능의 분리를 "좌우의 기능분화"라고 한다. 좌우의 뇌기능 분화를 위한 유전적 프로그램은 출생 시부터 있는 것이다. 언어센터는 인구의 90%가 왼쪽 뇌 반구에 위치한다. 그리고 적은 비율의 사람들이 오른쪽 뇌 반구에 또는 양쪽 반구에 언어센터를 가지고 있다. 신생아들이 머리를 시간의 88% 동안은 오른쪽으로, 단 9% 동안만 왼쪽으로 돌리고 있다는 사실이 보여주듯이 유전적 프로그램은 날 때부터 활발히 일하고 있다. 게다가 그들은 언어에 기초한 소리의 자극이 있으면 왼쪽 뇌 반구에서, 음악이나 또는 다른 비음성적 소리에 의한 자극에는 오른쪽 뇌 반구에서 더 큰 전자파 운동을 보여준다. 유아기에는 이 언어센터가 병리학적인 이유에서 필요하다면 다른 쪽 뇌 반구로 옮겨가기도 한다. 그러나 이런 수리기능은 어른이 되면 더 이상 기능하지 않는다. 인간 두뇌의 기능적인 재능이나 민감한 기간은 내부의 생리적 시계를 따르고 있기 때문에, 우리가 아이의 무한한 잠재력을 이 분야에서 쓸 수 있도록 도와주고 싶다면 이 점을 고려해야만 한다. 이 문제를 푸는 데는 한 가지 해결방법밖에 없다. 두 번째(혹은 세 번째, 네 번째) 언어가 생후 첫 몇 년 동안 아기의 환경 속에서 사용되어야 한다. 즉, 한 사람 혹은 그 이상의 사람들이 아기 앞에서 다른 언어를 말해야 한다는 뜻이다.

만약 아기 주변에 다른 언어를 쓰는 둘, 셋, 넷, 또는 다섯 사람이 있어도 각 사람이 언제나 그에게 오직 그 언어만을 쓰면 아기는 아무런 특별한 노력 없이 그 모든 언어를 쉽게 흡수한다. 여러 개의 언어를 배우는데 있어서 어려움이 전혀 없는데, 그 이유는 아기들은 아주 특별한 방식으로 일하는 두뇌와 교환기능이 있어서, 한 언어를 혼란 없이 다른 것으로 가게하고, 해석할 필요도 없으며, 모국어의 어투도 들어가지 않는다. 그러나 이것은 오직 생후 첫 몇 년 동안 "아기가 언어를 배우는데 있어 천재일 동안" 에만 가능하다.아기의 두뇌는 출생 시에(그리고 그 이전에) 이 모든 것을 위한 준비가 되어있다. 가르치는 기술이란 과학적으로 가치가 있다. 이것을 "엄마의 방법" 이라 부를 수 있는데, 직접 말하고, 일상생활에서 노래하고, 아기와 상호교류하는 것 등을 포함하고 있다. 우리의 경험에서 볼 때, 세 살 이하의 아이들에게는 각각의 다른 언어가 언제나 같은 사람에 의해 말해져야 한다. 만약 엄마, 아빠, 또는 할머니가 두 개 또는 더 많은 언어를 해야 한다. 언어는 모든 신체의 특성처럼 한 사람의 통합적 부분이기 때문에 중간에 바뀌면 크게 불안정한 상태에 빠져 결과적으로 대화에 어려움을 겪게 된다.

이러한 과학적 지식을 생각해 보면, 흔히 언어를 배우기에 가장 좋은 시간들이 언어센터에 충분한 음식을 주지 않은 채 지나가 버린다는 것을 깨달을 수 있다. 좋은 결과를 얻기 위해서는 교육이 과학적이어야 하고 성장하는 존재들에게 내재하는 특별하고 자연스러운 특성들을 따르고 이용해야 하는 것이다.

언어를 배우는데 있어, 언어형식(발음, 말하는 형태)의 습득과 어휘의 풍부한 습득과는 구별해야 한다. 전자가 생의 첫 몇 해 동안에만 완벽하게 행해지는 반면, 후자는 기본형식을 이용하여 평생 동안 계속될 수 있다. 사람들이 많은 언어를 완벽하게 말하기가 어려운 이유는 단순히 아기들에게 첫 몇 해 동안에 그것들을 흡수할 기회를 주지 않았기 때문이다. 어쨌든 많은 언어에 대한 지식을 모든 사람들이 가질 수 있다는 것을 깨닫는 것은 중요하다. 현대 세계는 매우 좁아졌고 사람들 간의 관계는 더욱 가까워졌다. 결과적으로 대화할 수 있고 이해할 수 있는 능력이 우선이 되었다. 마치 금세기 초에 대중에게 읽고 쓰기를 가르쳐야 했던 것처럼, 모든 사람이 몇 가지 언어를 말하는 것이 절대적으로 필요하게 되었다. 우리가 과학적 지식을 현재의 교육적 실습에 이용하기로 결정한다면, 우리의 놀라운 두뇌는 이 기적을 매우 쉽게 수행할 수 있다.

마리아 몬테소리는 이 분야의 선구자이며, 어린이들의 자연스러운 성장–민감기를 이용하기만 하면 그들의 인간 잠재력을 키워주는 교육이 가능하다고 분명히 말했다. 이 잠재력은 언어학습에 있어서는 무한한 것이다. 그러나 우리의 아이들에게 그런 위대한 자원을 축적할 수 있는 좋은 조건들을 주기 위한 노력을 거의 하지 않는다는 것을 인정해야 한다. 우리의 대뇌피질은 그 안에 옷이 오직 한 벌만 걸려 있는 거대한 옷장과 같다. 그 한 벌의 옷조차 대개는 특별히 좋은 품질은 아닌 것이다! 언어구조 학자인 펜필드(Penield)의 말을 인용하면, "부모와 교사들은 새로운 각 세대의 교육에 대한 책임을 공유해야 한다. 여기에는 각 어린이의 두뇌조건도 포함된다. 어떻게 그리고 언제 결정되었느냐가 사람에게 훌륭한 성취를 준비해 주기도 하고, 그를 평범한 사람으로 제한하기도 한다. 신경생리학자는 오직 인간의 두뇌가 오늘날 요구되는 것보다 훨씬 능력 있다고 말해 줄 수 있을 뿐이다. 교육의 시간과 방법을 성장하고 변하는 주된 신체기관에 맞추어라. 그리고 당신의 요구와 정당한 기대를 배로 늘려라."

예비부모를 위한 과정에서 우리는 이 흥미로운 주제에 대해 이야기하였는데, 결론은 빠른 해결책으로써 세 살 이하의 아기들을 일주일에 몇 번씩 한곳에 모아서, 외국어를 쓰는 사람과 함께 있게 해야 한다는 것이다. 이렇게 하면 개인에 대한 경제적 부담이 줄어들고, 아기들은 적어도 두 개의 언어에 대한 지식을 가지고 초등학교에 갈 수 있다. 이것은 교육체계가 생후 첫 몇 해 동안 버려지는 인간의 잠재력에 대해 진지한 고려를 하고 대체교육방안을 채택할 때까지 임시적인 해결책이 될 수 있을 것이다.

유아발달과정 도표

1개월	운동기능발달	대근육	반사운동(움직임은 아직 반사적). 팔과 다리의 협응이 안된 움직임, 머리를 받쳐주지 않으면 저절로 떨어진다. 엎드린 자세에서 고개를 조금 들거나 좋아하는 자세를 취한다.
		소근육	주로 주먹을 쥔 상태 사물이 닿으면 반사적으로 잡는다. 아기 손 안에 손가락을 넣어주면 꽉 잡지만 물건을 주면 떨어뜨린다.
	언어발달	이해력	강한 소리에 반응한다. 누군가 자기에게 말하려고 하면 입의 움직임을 보고 대꾸하려 한다. 다른 소리를 안다.
		표현력	울음으로 반응한다. 깨어있을 때 목구멍 소리 (쿠잉, 옹알이)를 낸다.
	인지발달	지각력	25~38cm 거리에 초점을 맞추어 본다. 그 거리 내에서 물건의 움직임에 반쯤 따라간다.
		흥미점	자기 손, 얼굴(엄마), 간단한 형태 등 보기를 즐겨한다.
		문제해결력	보이는 곳이나 소리 나는 곳으로 고개를 돌린다. 도움이 필요하면 울고 차차 바깥세상에 적응을 시작
	사회성발달	감정표현	자기가 좋아하는 자극에는 편안해 하며 고통, 배고픔, 불편한 자극을 싫어한다.
		상호작용	사람얼굴을 보거나 목소리가 나면 웃는다. 자기를 안아주면 폭 기대어 안긴다. 초점을 맞출 수 있는 거리의 물건을 본다.
	환경	물리적 환경	조용하고 부드러운 조명과 음악, 흔들의자, 적절한 온도
		의류	천연 섬유, 천 기저귀
		교구	빛의 조절을 위한 커튼 모빌 (색의 대비가 뚜렷한 것 : 흑/백), 장난감 영아 주변 사람의 목소리
		어른	조용했던 분위기를 점점 바꿔준다. 흔들의자에서 흔들어 준다. 신체접촉과 직접적인 대화 영아 앞에서 부모의 좋은 모습 울 때는 조용히 대처한다.

<table>
<tr><td rowspan="13">2개월</td><td rowspan="2">운동 기능 발달</td><td>대근육</td><td>행동이 자유로워지기 시작하면서 반사적인 행동들은 없어진다.
(조건반사에서 자발적 반사로 바뀐다.)
엎드려서 머리, 어깨를 들기 시작하고 다리를 구부리거나 올리거나 한다. 머리를 좌우로 움직일 수 있다.
무엇을 잡기 위해 어떤 방향이든 팔을 움직이거나 뻗을 수 있다.</td></tr>
<tr><td>소근육</td><td>움켜잡는 것이 자발적이다.
물건을 잠시 잡을 수 있다. 물건을 잠시 쳐다볼 수 있다.
눈의 협응력이 발달
손과 손을 모아놓는 것은 시각의 발달과 연결된다.</td></tr>
<tr><td rowspan="2">언어 발달</td><td>이해력</td><td>엄마와 아빠의 목소리를 구별한다.
소리나 목소리 나는 쪽을 주시한다.</td></tr>
<tr><td>표현력</td><td>울음소리가 요구에 따라 각각 달라진다.
목을 울려 낮게 나오는 소리(쿠잉 사운드)
침이 섞여 나오는 소리와 같은 바블 사운드(옹알이)
‘아’ 나 ‘우’ 의 짧은 단모음 소리를 낸다.</td></tr>
<tr><td rowspan="2">인지 발달</td><td>지각력</td><td>초점을 맞출 수 있는 거리에서 물건을 움직이면 물건을 따라가며 원을 그리면 원을 따라간다.</td></tr>
<tr><td>흥미점</td><td>움직이는 물체에 관심이 많으며 사물보다는 사람을 좋아한다.
누워서 손의 움직임에 관심
우유 먹는 자세를 안다. (엄마 가슴 쪽으로 고개를 돌린다.)
각각 다른 요구에 따라 웃음과 울음 소리를 낸다.</td></tr>
<tr><td rowspan="2">사회성 발달</td><td>감정표현</td><td>불안하거나 기쁘거나 흥분된 상태를 표현
울거나 웃음으로 감정표현</td></tr>
<tr><td>상호작용</td><td>엄마 외에 타인에게도 웃어 보인다.
초점을 맞추는 기능이 발달하면서 주위에 것에 관심을 둔다.
뭔가를 잡고 있거나 소리를 듣거나 사람을 볼 때 조용하다.
시각이 발달하면서 환경과 시각적인 상호작용을 한다.</td></tr>
<tr><td rowspan="4">환경</td><td>물리적 환경</td><td>조용하고 부드러운 조명과 음악, 흔들의자, 적절한 온도
차고 움직일 수 있는 공간</td></tr>
<tr><td>의류</td><td>천연 섬유, 천 기저귀</td></tr>
<tr><td>교구</td><td>빛의 조절을 위한 커튼
음악이 나오는 모빌, 딸랑이, 나무 링 등
영아 주변 사람의 목소리</td></tr>
<tr><td>어른</td><td>음악을 들려준다.
흔들의자에서 흔들어 준다.
신체접촉과 대화</td></tr>
</table>

3개월	운동기능발달	대근육	반사에 의한 움직임이 자발적인 신체 움직임으로 변화된다. 팔을 의지해서 몸을 일으킬 수 있다. 팔과 다리의 힘이 강해지고 움직임이 좀 더 조화롭다 누워 있는 상태에서 팔과 다리를 많이 움직인다. 앉으면 고개를 가눌 수 있다.
		소근육	손을 펴고 있다. 손을 마주 모으거나 손으로 무언가를 친다. 양손으로 사물을 잡으려 한다. 눈으로 움직임을 쫓을 수 있다.
	언어발달	이해력	다른 소리와 목소리를 구분한다. 소리에 흥미를 가진다. 소리를 구별하고 각 음절을 인지한다.
		표현력	옹알이나 쿠잉(침을 섞어 소리)을 자주한다. 길고 높은 소리로 울고 웃기 시작한다. (훌쩍거리거나, 끽끽 소리 지르거나, 낄낄거린다)
	인지발달	지각력	색깔을 모두 볼 수 있다. 사물을 처음부터 끝까지 쫓아간다. 물건을 주시해서 본다. 가까이 있는 것과 멀리 있는 것을 구분한다. 가족의 구성원을 안다.
		흥미점	다른 사람들의 얼굴 보기를 좋아한다. 매달려 있는 물건 보기를 좋아한다. 타인의 얼굴, 손, 발, 옷 등을 좋아한다. 움직임과 정지된 것을 동시에 볼 수 있다. 입맛을 다심으로 배고픔을 암시한다.
	사회성발달	감정표현	자신의 표정, 몸 그리고 목소리로 자신을 표현한다. 어른이 떠나면 운다. 대화의 형태로 소리를 낸다. 다시 말하면 어른이 얘기하면 옹알이한다.
		상호작용	사회적 관계가 급진적으로 발달된다. 익숙한 목소리나 노래 부르는 소리에 고개를 돌린다. 부모 외에 낯선 사람에게 각각 다른 반응을 나타낸다. 손과 발이 자신의 부분임을 안다. 떠있는 물체를 발로 찬다.
	환경	물리적 환경	조용하고 부드러운 조명과 음악, 흔들의자, 적절한 온도
		의류	천연 섬유, 천 기저귀
		교구	촉감이 좋은 천, 나무숟가락, 소리가 나는 공, 오르골, 거울 그림책 등
		어른	아이를 여러 각도로 앉혀서 시야에 들어오는 것을 보게 한다. 유모차를 태우거나 앉아서 이야기한다.

4개월	운동 기능 발달	대근육	짧은 시간 동안이지만 고개를 꼿꼿하게 세운다. 엎드려 머리와 상체를 들어올린다. 엎드린 상태에서 뒤집는다. 누워있을 때는 발을 올린다. 지탱해 주었을 때 앉아 있을 수 있다.
		소근육	사물을 치고 달려있는 물건을 앞으로 잡아당긴다. 손에 물건이 들어오면 입으로 넣기도 하고 흔들기도 하며 꽉 잡는다.
	언어 발달	이해력	이야기할 때 입을 상당히 주의 깊게 본다. 사람 목소리에 보다 더 정확하게 반응한다. 사람의 말소리에 미소 짓는다.
		표현력	웃고 목구멍 소리를 계속 낸다. 소리를 반복해서 연습한다. 발성음을 내며 논다.
	인지 발달	지각력	어른만큼 본다. 각각 다른 거리에 초점을 맞출 수 있다. 사물의 장소를 옮겨도 같은 사물임을 안다. 사물과 사람, 형태로부터 얼굴을 구별하며 표정을 안다.
		흥미점	소리 내기를 좋아하고 새로운 소리 만들기를 좋아한다. 다른 사람 모방하기를 좋아한다. 거울에 비친 모습에 관심을 가진다.
		문제 해결력	사물이 있는 쪽으로 몸을 움직이거나 팔을 뻗는다. 방해를 받으면 큰 소리로 운다. 주위 집중을 위해 소리를 낸다.
	사회성 발달	감정표현	의도가 섞인 목소리(즐겁고 불쾌하고 거부하는 감정들을 소리로 표현) 누구와 함께 있을 때 웃고 놀이가 방해되거나 중단되면 운다. 울면 엄마가 온다는 것을 예상한다. 기대하는 것을 보인다. (흥분되고 숨을 깊게 쉼)
		상호작용	손, 손가락, 발가락을 가지고 논다. 거울 속에 비친 모습을 보고 웃는다. 사회성의 관계를 말로서 시작하려는 의도를 보인다. 누구와 함께 있는 것을 좋아하고 게임하는 것을 좋아한다.
	환경	물리적 환경	조용하고 부드러운 조명과 음악, 흔들의자, 적절한 온도
		의류	천연 섬유, 천 기저귀
		교구	안전 거울, 줄에 딸랑이 같은 것을 걸어놓은 장난감, 촉감이 좋은 천으로 된 공, 잡을 수 있는 나무 링, 소리가 나는 공, 오르골, 그림책, 색감이 밝은 그림
		어른	시선을 맞추어 대화를 많이 한다.

5 개 월	운동 기능 발달	대근육	뒤집는다. 발바닥에 손을 대면 밀어낸다. 잡아 일으키면 잠깐 무게중심을 다리에 둔다.
		소근육	양손으로 물건을 잡으며 좌우에 있는 물체를 잡을 수 있다. 물건을 흔들거나 찬다. 물체를 앞뒤로 이동할 수 있다.
	언어 발달	이해력	이름을 부르면 반응한다. 자기 목소리와 타인의 목소리를 알고 반응한다.
		표현	완전한 모음 소리를 낸다. 소리를 내어 논다. 소리나 행동을 모방한다. 몇몇 자음(드, 브, 음)을 소리 낸다. 몇 개의 모음 소리를 낸다. (이, 오, 아)
	인지 발달	지각력	물건을 잡고 눈과 손의 협응력이 발달 사물이나 얼굴을 볼 때 전체로 파악한다. 낯익은 사물이나 사람을 인지한다.
		흥미점	사물을 만지고, 잡고, 흔들고 맛보기를 좋아한다.
		문제 해결력	빨리 움직이는 것도 눈으로 포착 낯익은 물건이 떨어지는 것을 포착한다. 갖고 있던 것을 버리고 마음에 드는 물건을 선택한다.
	사 회 성 발 달	감정표현	감정표현을 한다. 두려움, 화남, 기쁨을 느낀다.
		상호작용	어른의 관심을 받으려고 일부러 소리를 내다. 얼굴이나 소리를 들으면 미소를 짓는다. 사물을 입으로 가져가서 입으로 탐구한다. 치면 소리 나는 것을 인식-소리내기 위해서 사물을 친다.
	환경	물리적 환경	집과 같은 환경 움직일 수 있는 공간, 여러 재질의 바닥 30cm 높이의 선반 조용하고 부드러운 조명과 음악, 흔들의자, 적절한 온도
		의류	천연 섬유, 천 기저귀, 간단하고 느슨한 옷
		교구	딸랑이, 몰, 수평거울, 촉감이 좋은 천으로 만든 공, 오르골 등
		어른	다른 재질의 형태, 색깔의 사물을 주어서 아이 스스로 분석할 수 있도록 한다. 엎드린 상태에서 배밀이하는 움직임을 도와줌으로써 자극을 받게 한다. 사물의 명칭을 꼭 붙여서 이야기한다. 노래 불러주기, 이야기해 주기 등 계속적인 접촉

6개월	운동기능발달	대근육	꼿꼿하게 앉아있지만 아직 옆으로 쓰러지기도 한다. 배로 긴다. 팔을 이용하여 앞으로 잡아당기기, 발로 밀어내기가 가능 일으켜 주면 발을 땅에 대고 선다.
		소근육	손목을 돌린다. (자기가 잡은 사물을 돌려서 사물을 조정한다) 한 팔을 뻗어서 물건을 잡고 갈퀴처럼 손가락을 펴서 물건을 잡는다. 손을 집게모양으로 만들어 집어올릴 수 있다.
	언어발달	이해력	일상적으로 자기가 듣는 소리나 소음을 확실히 안다. 음절과 높낮이를 파악해 거기에 따른 다른 반응을 보인다.
		표현	옹알이는 음절의 형태를 나타내면서 반복하여 계속한다. 모음, 자음이 무작위로 나타난다.
	인지발달	지각력	가볍고 멀리 있는 물건을 볼 수 있다.
		흥미점	물건을 가까이 놓아두고 자세히 살핀다. 용기, 거울 속에 비친 모습에 관심을 보인다.
		문제해결력	떨어뜨린 물건을 다시 줍고 물건을 이쪽에서 저쪽으로 옮기기도 한다. 물건을 잡고 있다가 더 관심이 있는 물건을 보면 그것을 잡는다.
	사회성발달	감정표현	즐겁거나 불쾌한 감정을 소리로 나타낸다. 흥분하면 숨소리가 거칠어진다.
		상호작용	거울에 비친 모습을 보고 즐거워한다. 누구와 함께 있는 것을 좋아한다. 물건을 떨어뜨리고 차고 던지고 하면서 그 결과를 주시한다. 손가락, 발가락을 가지고 논다.
	환경	물리적 환경	집과 같은 환경 움직일 수 있는 공간, 여러 재질의 바닥 30cm 높이의 선반 조용하고 부드러운 조명과 음악, 흔들의자, 적절한 온도
		의류	천연 섬유, 천 기저귀, 간단하고 느슨한 옷
		교구	딸랑이, 몰, 수평거울, 촉감이 좋은 천으로 만든 공, 오르골 등 현실적인 사진
		어른	밖으로 나가 환경에 대해 이야기한다. 다른 재질의 형태, 색깔의 사물을 주어서 아이 스스로 분석할 수 있도록 한다. 사물의 명칭을 꼭 붙여서 이야기한다. 노래 불러주기, 이야기해 주기 등 계속적인 접촉

<table>
<tr><td rowspan="17">7개월</td><td rowspan="2">운동 기능 발달</td><td>대근육</td><td>잘 앉아있다. 손과 무릎을 앞뒤로 흔들거린다.</td></tr>
<tr><td>소근육</td><td>엄지와 손가락으로 잡는다.
2개의 사물을 동시에 잡는다.
스푼과 컵을 사용할 수 있다.</td></tr>
<tr><td rowspan="2">언어 발달</td><td>이해력</td><td>자기 목소리와 타인의 목소리를 집중해서 듣는다.
단어가 어떤 의미를 갖는지 궁금해 한다.</td></tr>
<tr><td>표현력</td><td>자음, 모음이 때때로 나온다. (마, 무, 다…)
순서 있게 소리를 따라한다.
어떤 단어와 명령에 반응한다.
모래와 대화에 흥미를 가지며 몸짓과 표정, 소리를 모방한다.</td></tr>
<tr><td rowspan="3">인지 발달</td><td>지각력</td><td>가볍고 멀리 있는 물건을 구별한다.
장난감의 사용법을 인지(딸랑이는 흔들어야 소리가 난다)</td></tr>
<tr><td>흥미점</td><td>물건을 잡고 조작하고 친다. 작은 물체에 관심을 갖는다.</td></tr>
<tr><td>문제 해결력</td><td>자기가 떨어뜨린 물건을 찾는다.
주의력 집중, 감각적 메모리가 발달한다.</td></tr>
<tr><td rowspan="2">사회성 발달</td><td>감정표현</td><td>경험이 늘어날수록 대뇌체계가 점점 증가한다.
–두려움, 즐거움, 기대감을 표현한다.</td></tr>
<tr><td>상호작용</td><td>거울 속의 모습을 치거나 그쪽으로 간다.
자신의 몸을 탐구한다.
모르는 사람에 대한 불안감을 보이기 시작한다.
장난감 갖고 놀기를 좋아한다.
움직임이 발견에 더 많은 기회를 제공한다.</td></tr>
<tr><td rowspan="4">환경</td><td>물리적 환경</td><td>집과 같은 환경
움직일 수 있는 공간, 여러 재질의 바닥
30cm 높이의 선반
조용하고 부드러운 조명과 음악, 적절한 온도
어린이 크기에 맞는 낮은 책상과 의자</td></tr>
<tr><td>의류</td><td>쉽게 입고 벗을 수 있는 옷</td></tr>
<tr><td>교구</td><td>다양한 크기의 용기와 그릇, 쌓을 수 있는 장난감
딱딱한 종이로 만든 책, 기어오를 수 있는 놀이기구</td></tr>
<tr><td>어른</td><td>이야기를 많이 해주고 주위 환경에 애정을 갖도록 해준다.
간결한 이야기의 그림책을 읽어준다.
사물의 그림을 보여준다. 까꿍 게임을 한다.
자유롭게 움직일 수 있는 공간을 마련한다.
독립심을 기른다.</td></tr>
</table>

월령	영역	세부	내용
8개월	운동기능발달	대근육	잘 긴다. 잡아주면 선다. 무릎으로 기기 시작한다.
		소근육	세 손가락으로 잡는다. 손가락으로 집어 먹는다. 작은 컵을 잡을 수 있다. 장난감을 용기에 넣는다. 통에 사물을 넣고 꺼낼 수 있다. 자기가 원하는 것을 잡는다.
	언어발달	이해력	귀에 익은 소리를 구별하고 반응한다. (전화벨, 초인종) 익숙한 단어를 듣고 알아차린다. (언니, 오빠의 이름을 부르면 부른 사람의 얼굴을 쳐다본다.)
		표현력	다양하고 많은 옹알이를 한다. 이야기하는 사람의 턱과 입을 보고 모방하려고 애쓴다. 자극이 많이 주어진 아이들은 마마, 다다 등 발음도 한다.
	인지발달	지각력	사물의 영속성에 대해 인지한다. 사물의 크기, 높이, 부피, 깊이 등을 알게 된다.
		흥미점	2가지 사물을 함께 갖고 놀기를 좋아한다. 장난감 통 안의 사물을 넣었다 뺐다 하길 좋아하며 장난감 통의 바닥 살피기를 좋아한다.
		문제해결력	줄이 있는 장난감을 아기 앞에서 숨기면 줄을 잡아당겨 찾아낸다. 장난감을 잡을 때까지 계속한다. 닿지 않는 곳에 있는 장난감들을 끊임없이 손을 뻗쳐 가지려고 한다. 부모에게 도움을 요청하기도 한다.
	사회성발달	감정표현	관심을 끌기 위해 소리를 지르거나 만족스러울 때 소리를 낸다. 모르는 사람을 보면 불안감을 보이고 생소하거나 어두운 것에 공포감을 느낀다.
		상호작용	엄마, 나, 타인을 모두 각각의 개체로 생각한다. 엄마를 몹시 좋아하고 싫어하는 것은 밀어낸다. 자동차와 같은 좁은 공간에 갇히는 것을 싫어한다. 자신이 다니는 모든 곳을 주의 깊게 관찰한다.
	환경	물리적 환경	집과 같은 환경, 움직일 수 있는 공간, 선반 조용하고 부드러운 조명과 음악, 적절한 온도 어린이 크기에 맞는 낮은 책상과 의자
		의류	쉽게 입고 벗을 수 있는 옷
		교구	다양한 크기의 공, 소리 나는 장난감 사물을 넣다 뺐다 할 수 있는 장난감 적목, 책, 잡아당길 수 있는 장난감
		어른	사물의 이름을 말해주고 설명을 간단하게 한다. 함께 관찰하며 자연을 접할 수 있는 기회를 많이 갖는다.

9개월	운동기능발달	대근육	기어서 계단을 오르거나 가구, 선반 등을 오른다. 양쪽 겨드랑이를 잡아주면 발끝으로 몇 발자국 걷는다. 오래 앉아 있을 수 있다.
		소근육	1~2개의 사물을 쌓을 수 있다. 다른 것을 보다가 한 사물을 잡고 놀이를 할 수 있다. 자기가 선택한 장난감을 사용한다. 검지를 많이 사용한다. 컵으로 물을 마시는 것에 익숙해진다.
	언어발달	이해력	자신이 쓰는 언어에 차츰 뜻을 가진다. 대화, 노래 부르는 소리를 잘 듣는다. 간단한 지시나 움직임을 따라한다. 익숙한 말을 즐기며 새로운 단어를 기억한다.
		표현력	기침이나 혀 차는 소리 등 여러 가지 소리를 모방한다.
	인지발달	지각력	깊이에 대한 개념, 수직 공간에 대한 개념이 생긴다. 크다, 작다 등 크기에 대한 개념을 안다.
		흥미점	자신이 보는 모든 사물과 환경에 관심이 높아진다.
		문제해결력	보다 더 망설이거나 조심성이 생긴다. 작은 사물은 손가락을 사용하며 큰 사물은 두 팔, 양손을 사용한다. 반복된 게임들을 기억하며 까꿍하면 손을 밀어낸다.
	사회성발달	감정표현	새로 보는 사람, 새로운 상황에 심한 공포를 느낀다. 낯익은 사람, 낯익은 상황은 다음의 상황을 기대한다.
		상호작용	표현하고 싶거나, 두려울 때는 엄마에게 달라붙어 의존하는 마음을 갖는다. 주위의 장난감을 고를 때 신중하게 고른다.
	환경	물리적 환경	집과 같은 환경 움직일 수 있는 공간, 선반 조용하고 부드러운 조명과 음악, 적절한 온도 어린이 크기에 맞는 낮은 책상과 의자
		의류	쉽게 입고 벗을 수 있는 옷
		교구	다양한 크기의 공, 소리 나는 장난감 사물을 넣다 뺐다 할 수 있는 장난감 적목, 책, 잡아당길 수 있는 장난감
		어른	사물의 이름을 말해 주고 설명을 간단하게 한다. 함께 관찰하며 자연을 접할 수 있는 기회를 많이 갖는다. 다른 것을 돌볼 수 있는 기회를 준다. (예 고양이 밥 주기 등)

10개월	운동 기능 발달	대근육	두 팔과 다리로 긴다. 손을 밀어 앉거나 설 수 있다. 두 손을 잡아주면 걷는다.
		소근육	엄지와 검지를 사용해 물건을 잡는다. 장난감 통에 사물을 넣다 뺐다 한다. 떨어뜨려 보고, 쳐보고, 던져본다.
	언어 발달	이해력	말을 알아듣는다. (단어의 의미를 인식한다) 몇몇 단어와 명령어에 반응한다.-이리 와, 앉자, 먹자 등 노래를 듣고 대화하는데 흥미가 많다.
		표현력	몸짓을 모방하고 표정과 소리를 따라한다. 한 음절이나 조금 더 긴말을 반복적으로 한다.
	인지 발달	지각력	볼을 집어넣지 못해도 농구골대를 두면 던지면서 거리를 측정한다.
		흥미점	끼워 맞추는 것에 관심을 갖고 혼자 먹고, 입고 벗을 때 같이하려 한다.
		문제 해결력	다른 사람, 특히 어른의 행동을 모방하기 좋아한다. 사물에 대해 내 것과 다른 사람의 것을 인식 떨어뜨린 물건을 찾을 수 있다.
	사회성 발달	감정표현	기분이 상하거나 불편함의 감정표현을 정확하게 한다. 음식, 습관, 질서에 대한 감정표현을 정확하게 한다.
		상호작용	성취욕을 보이기 시작한다. 몸의 부분들을 안다. 솜 인형을 보면 부드러운 표정을 짓고 물을 좋아한다. 주변 환경에 호기심이 많고 위험하다는 사실을 잘 잊어버리고 만지면서 탐구한다. 음악을 좋아한다.
	환경	물리적 환경	집과 같은 환경 움직일 수 있는 공간, 선반 조용하고 부드러운 조명과 음악, 적절한 온도 어린이 크기에 맞는 낮은 책상과 의자, 아이 눈높이의 거울
		의류	쉽게 입고 벗을 수 있는 옷
		교구	잡아당기고 밀 수 있는 장난감 가족사진 등 현실적인 사진 음악이 나오는 장난감
		어른	재미있고 안전한 환경조성 이야기를 많이 해주고 가족이 함께하는 일에 아이를 참여시킨다.

11개월	운동기능발달	대근육	잠깐 혼자 설 수 있거나 어딘가를 의지할 수 있을 때 옆으로 걷는다.
		소근육	손을 자유롭게 사용할 수 있다. (잡고 운반하며 놓는다.)
	언어발달	이해력	몇몇 단어와 명령어를 잘 이해한다. 사물의 이름을 알고 물으면 아이가 가리킬 수 있다.
		표현력	표정이나 억양 등을 모방, 대화하는 것을 매우 좋아한다. 표현하기 위해 알아듣지 못하는 말로 뭔가를 계속 재잘거린다.
	인지발달	지각력	자기 시야에 보이지 않는 때도 사물이 존재한다는 것을 안다,
		흥미점	사람과 사물, 주위 환경을 탐구한다. 그림책을 좋아하고 뚜껑이 있는 장난감 통을 좋아한다.
		문제해결력	자기의 목적을 달성하기 위해 다양한 행동을 한다. 간단한 문제를 풀기 위해 행동을 조절한다.
	사회성발달	감정표현	여러 가지 다양한 감정표현을 많이 한다.
		상호작용	자꾸 어른에게 매달리며 무엇이 허락되고 안 되는지 안다. 타인의 행동을 보고 자기의 행동을 조절한다. 다른 아이들과 함께 놀지는 않으나 함께 있기를 좋아한다.
	환경	물리적 환경	집과 같은 환경 움직일 수 있는 공간, 선반 조용하고 부드러운 조명과 음악, 적절한 온도 어린이 크기에 맞는 낮은 책상과 의자, 아이 눈높이의 거울
		의류	바깥 놀이를 위한 신발 쉽게 입고 벗을 수 있는 옷
		교구	잡아당길 수 있는 장난감 (흔들의자, 흔들 말) 책과 사진들
		어른	아이들과 움직이며 계속 탐구할 수 있도록 도와준다. 아이에게 항상 긍정적인 말과 태도를 보여줌으로써 사랑, 존경을 배울 수 있도록 한다.

12개월	운동 기능 발달	대근육	기고 서고 옆으로 걷기도 한다. 계단을 기어오르거나 기어서 내려온다. 혼자 걷는다.
		소근육	엄지와 검지를 사용하여 작은 물체를 정확한 장소에 놓을 수 있다. 통에서 사물을 빼거나 물건이 있던 장소에 다시 갖다 놓는다. 드럼을 칠 때 번갈아 칠 수 있다. 통의 뚜껑을 벗긴다.
	언어 발달	이해력	사물의 명칭과 간단한 단어와 명령을 이해한다. 이해력이 빠르게 향상된다.
		표현력	몇 단어를 말할 수 있다. 자기가 아는 단어를 자꾸 연습한다. 짧은 문장을 옹알거리며 말한다.
	인지 발달	지각력	사물의 영속성을 안다. 사물들이 떨어져 있고 분리되어 있음을 안다. 다양한 방법으로 사물의 개념을 인식한다.
		흥미점	물체를 조절할 수 있다. (포개고 쌓는다. 뒤집는다. 굴리고 던진다.)
		문제 해결력	시행착오를 통해 해결한다. 활동적인 실험을 통해 문제해결을 위한 새로운 방법을 찾는다.
	사회성 발달	감정표현	자신의 감정을 확실하게 인식하고 타인의 감정을 수용한다. 자신과 남을 구별한다.
		상호작용	자기가 좋아하는 사람에게 가까이 간다. 타인에게 애정을 준다. 집이나 주변을 다니며 활발하게 탐구한다.
	환경	물리적 환경	집과 같은 환경 움직일 수 있는 공간, 선반 조용하고 부드러운 조명과 음악, 적절한 온도 어린이 크기에 맞는 낮은 책상과 의자
		의류	바깥 놀이를 위한 신발 쉽게 입고 벗을 수 있는 옷
		교구	밀고 당기는 장난감 오르내리는 계단, 크고 작은 공 뜨고 가라앉는 장난감, 정교한 손놀림이 필요한 장난감 리듬악기, 물놀이, 모래놀이 등
		어른	자기가 좋아하는 세상을 탐구(자극, 노래, 게임 등) 입고 벗기를 장려하고 아이에게 사랑, 인내, 존중을 보여준다.

연령	영역	세부	내용
12개월~15개월	운동기능발달	대근육	도움 없이 걸을 수 있다. 서있는 자세에서 구부려 물건을 집는다. 낮은 의자에 앉는다. 계단이나 가구 등에 열심히 기어오른다. 무거운 물건을 들고 싶어한다.
		소근육	양손을 사용해서 상자를 열거나 문을 연다. 물건을 잡거나 운반한다. 컵이나 숟가락 등을 잘 사용한다.
	언어발달	이해력	단어의 의미를 이해한다. (명사) 사물과 사람에 익숙하다.
		표현력	중요한 단어를 계속적으로 말하며 새로운 단어를 익힌다. 말, 행동을 동원해서 자기의 요구를 표현하며 노래한다.
	인지발달	지각력	문제해결을 위한 조각조각의 정보를 모은다. 차례와 반복의 필요성을 보인다.
		흥미점	어른들의 활동과 간단한 순서를 보고 따라하며 반복한다. (손 씻고 수건으로 닦는다.)
		문제해결력	시행착오를 거쳐 사물을 다룰 수 있게 되고 되풀이되면서 순서를 기억한다. 숨긴 장난감을 찾아낸다. 행동으로 보여줘야 했던 것들을 다른 사람을 지켜봄으로써 알 수 있다.
	사회성발달	감정표현	자기주장이 강하고 요구가 많아진다. 감정의 변화가 심하다.
		상호작용	독립적이고 무엇이든 혼자하려 한다. 엄마를 참여시키지 않고 자기가 혼자하려는 마음이 강해진다. 다른 사람을 모방한다. 혼자 논다. 세상을 탐구하고 싶어하고 이미 발달된 기술을 사용한다. 낯선 사람 앞에서 덜 수줍어한다.
	환경	물리적 환경	집과 같은 환경 움직일 수 있는 공간, 선반 조용하고 부드러운 조명과 음악, 적절한 온도 어린이 크기에 맞는 낮은 책상과 의자
		의류	바깥 놀이를 위한 신발 쉽게 입고 벗을 수 있는 옷
		교구	다양한 크기의 공 브러시(미술 붓, 칫솔, 페인트 솔 등) 모래상자, 물놀이, 오르내릴 수 있는 계단 리듬악기, 적목, 많은 종류의 언어자극교구
		어른	아이와의 대화, 노래 부르기, 책 읽어주기 아이 스스로 문제를 해결하도록 간단한 과제 제공

<table>
<tr><td rowspan="16">15개월 ~ 18개월</td><td rowspan="2">운동 기능 발달</td><td>대근육</td><td>걸을 때 안정적이고 빨리 걷는다. 뛴다.
울퉁불퉁한 길이나 경사진 곳은 부자연스럽게 뛴다.
무거운 물건을 들고 싶어한다. 장난감을 밀고 당긴다.
계단을 오를 때 손잡이를 사용한다. 혼자 먹는다.</td></tr>
<tr><td>소근육</td><td>동그랗게 원을 그리며 낙서하기를 좋아하며 선호하는 손이 보이기 시작한다. 3~5 정도의 블록을 쌓는다.
한 번에 뭉텅이로 책을 넘긴다. 장난감 쏟아내기를 좋아한다.
그릇에 물 붓기를 좋아한다.</td></tr>
<tr><td rowspan="2">언어 발달</td><td>이해력</td><td>꽤 많은 단어들을 이해하고 반응한다.
자기신체의 몇 부분을 가리킬 수 있다.</td></tr>
<tr><td>표현력</td><td>노래를 할 때 운을 맞추어 한다.
두 단어 어구를 구사할 수 있다. 10~12개 정도 어휘표현이 가능하다.
이 시기의 아이에게 주된 단어는 "아니야"
지속적으로 사물이 제공되어지길 원한다.</td></tr>
<tr><td rowspan="3">인지 발달</td><td>지각력</td><td>정신적인 이미지를 창조하기 시작한다.
주위 환경을 분류하기 시작한다. (엄마, 아빠, 부엌 물건 등)
책 보기를 즐긴다.</td></tr>
<tr><td>흥미점</td><td>보면서 많이 배운다. 어른의 습관을 모방한다.
엄마의 도움을 원치 않으며 내가 하겠다고 고집한다.
물건을 제자리에 보관한다.</td></tr>
<tr><td>문제 해결력</td><td>미숙하지만 물건의 모양을 그린다. (책 : 사각/사과 : 원)
물건을 모아두는 일정한 장소를 잘 알고 시행착오를 통해 행동하기 전에 생각한다.</td></tr>
<tr><td rowspan="2">사회성 발달</td><td>감정표현</td><td>좌절, 애정, 공격적인 면을 나타내기도 한다.</td></tr>
<tr><td>상호작용</td><td>자기 자신을 독립적 개체로서 좀 더 잘 알게 된다.
안도감을 위해 엄마와 어른을 찾는다.
낯선 사람으로부터의 사회적 자극에 대한 빠른 반응을 보인다.
(모르는 사람과도 관계를 맺는다.)
환경을 탐구하고 장난감을 가지고 놀 때 집중하며 행동반경이 넓어진다.</td></tr>
<tr><td rowspan="4">환경</td><td>물리적 환경</td><td>집과 같은 환경, 넓은 공간, 선반, 옷장, 컵, 적절한 온도
조용하고 부드러운 조명과 음악, 어린이 크기에 맞는 낮은 책상과 의자</td></tr>
<tr><td>의류</td><td>바깥 놀이를 위한 신발, 쉽게 입고 벗을 수 있는 옷</td></tr>
<tr><td>교구</td><td>잡아당기고 끌 수 있는 장난감, 망치질할 수 있는 장난감
다양한 크기의 공, 브러시(미술 붓, 칫솔, 페인트 솔 등)
모래상자, 물놀이, 오르내릴 수 있는 계단, 적목
많은 종류의 언어자극교구</td></tr>
<tr><td>어른</td><td>아이와 함께 놀아주기, 혼자 할 수 있도록 유도
아이와의 대화 , 노래 부르기, 책 읽어주기</td></tr>
</table>

18개월~24개월	운동기능발달	대근육	계단을 오르내리고 옆으로 걷거나 뒷걸음질한다. 아무 곳이나 오른다. 앞으로 팔짝 뛴다. 공을 찬다.
		소근육	소근육의 협응력이 잘 발달한다. 자기가 열심히 해야 할 일을 즐긴다. (지퍼, 큰 구슬 끼우기 등) 어려운 일을 점점 더 찾고 싶어한다.
	언어발달	이해력	이야기 듣기, 책 읽어주는 것을 좋아한다. 모든 것의 이름을 인식하고 주의 깊게 들으며 말하려고 노력한다.
		표현력	굉장히 많은 단어를 알게 되고 여러 단어로 연결된 구를 알게 된다. (저게 뭐야?), 나, 너, 이름을 사용한다.
	인지발달	지각력	비슷한 사물끼리 짝짓기가 가능하다. 시간의 이해는 미숙하지만 아침, 점심, 저녁을 이해한다. 크기, 거리, 공간 지각력의 개념을 이해하며 확대된다.
		흥미점	모든 사물을 오감을 통해 관찰하는 시간이 길어진다.
		문제해결력	각기 다른 사물들은 다른 속성과 용도가 있다는 것을 탐구를 통해 안다. 주체성, 차이점을 알고 둘러싸고 있는 환경의 질서를 안다.
	사회성발달	감정표현	인간성이 점차 개인주의적, 자기주장이 강해진다. 자기가 느끼는 것, 타인에 대한 관심을 대화와 몸짓으로 나타낸다. 소유욕이 강해진다.
		상호작용	엄마도 자기와 마찬가지로 독립된 개체로 본다. 사회적 우대(대화) 관계를 원하고 어른들이나 다른 아이들을 모방한다. 어른이 옆에 있으면 만족스럽게 놀고 차례를 기다려야 함을 안다. 물건을 해체하고 다시 맞추기를 좋아한다.
	환경	물리적 환경	집과 같은 환경, 넓은 공간, 선반, 옷장, 컵 조용하고 부드러운 조명과 음악, 적절한 온도 어린이 크기에 맞는 낮은 책상과 의자
		의류	바깥 놀이를 위한 신발, 쉽게 입고 벗을 수 있는 옷
		교구	리듬악기, 공, 퍼즐, 적목, 모래상자, 책, 밀고 당기기, 언어자극 일상생활 활동(책상 닦기, 분류하기, 쓸기, 광내기 등) 밀고 당기기, 언어자극
		어른	많은 대화, 도움을 요청할 때 도와줄 수 있는 엄마의 준비 가능한 모든 일상생활에 참여시키고 스스로 하도록 도와준다.

연령	영역	세부	내용
30개월~36개월	운동기능발달	대근육	발끝을 들고 멀리 갈 수 있으며 안정감 있게 뛰고, 달리고, 오른다. 시작과 정지가 빨라지며 계단을 오르내릴 때 한 발씩 엇갈리며 걷는다. 세발자전거의 페달을 사용한다. 가다가 장애물이 보이면 피한다.
		소근육	손가락, 손과 눈의 협응력이 발달된다. 작은 물건도 부드럽게 집을 수 있다.
	언어발달	이해력	새로운 단어와 익숙하지 못한 언어에 호기심을 보인다. 이야기, 노래하기, 듣기를 이해한다. 단어가 다른 소리로 구성되어 있다는 것을 인지한다.
		표현력	1,000개 정도의 단어를 익힌다. 매일 새로운 단어를 습득한다. 자기의 목적 달성을 위해 언어와 대화를 사용한다. 노래할 때 단어에 멜로디를 첨가한다. 자신의 하루 일과에 대해 이야기한다.
	인지발달	지각력	시간의 간격을 이해한다. 공간에서 자기 움직임을 자신 있게 해나갈 수 있게 된다. 멀리 떨어져 있는 물건도 잘 볼 수 있다.
		흥미점	탐구하고 자세히 보는 것을 즐긴다. 주변의 모든 일에 관심을 갖는다. 행동하기 전에 상황을 파악한다.
		문제해결력	자신감과 사랑, 미안한 마음을 충분히 갖고 표현할 수 있으므로 잘 못했을 때 대화로 해결한다. 행동하기 전 상황에 대해 생각하기 시작한다.
	사회성발달	감정표현	부정적 행동의 결과를 적합한 행동으로 끌어낸다. 기분의 변화가 심하다. 목표달성에 대한 기쁨을 안다.
		상호작용	장난감을 함께 갖고 놀 수 있다. 친구와 함께 놀기를 즐긴다. 차례를 배운다. 리더, 따르기, 경쟁 등을 통해 사회적 상호작용이 증가한다. 가족을 떠난 사회적 상호작용이 증가한다.
	환경	물리적 환경	많은 다양한 경험을 주는 것 어른이 아이의 생활에 맞추어지게 된다.
		의류	바깥 놀이를 위한 신발 쉽게 입고 벗을 수 있는 옷
		교구	집과 같은 환경, 넓은 공간, 선반, 옷장, 컵 조용하고 부드러운 조명과 음악, 적절한 온도 어린이 크기에 맞는 낮은 책상과 의자 다양한 미술용품
		어른	대근육 발달에 도움이 되는 것들 세상을 탐구하기 위한 기회를 제공-아이와 함께 걷고, 듣고, 노래하며 함께 관찰한다. 남을 사랑하고 존중하도록 먼저 사랑하고 존중해 준다.

Chapter 10

어린이의 교육과 인류의 미래

생의 첫 몇 년간 훌륭한 도움을 받은 아이는 하나의 감동을 주는 한 사람의 인간이다. 그는 자신을 완벽하게 표현하며, 생활의 모든 실제적 요구(옷 입기, 스스로 씻기 등)를 처리할 수 있으며, 환경 속에서 행동을 통해 효과적으로 협력할 수 있으며, 논리적인 사고방식을 발달시켜 "왜"와 모든 것의 원인을 물으며 모든 면에서 자아에 대한 분명한 인식을 하고 있다.

우리 앞에 있는 아이는 여전히 어리다고 생각되지만 끊임없는 연습에 만족한, 즐겁고 지칠 줄 모르는 모습이며 아이의 정신은 환경의 모든 것을 흡수하는데 있어 한계가 없다. 이 아이는 앞으로 전진할 준비가 되어있고 모든 문화가 아이를 기다린다. 하지만 아이는 먼저 읽기를 배워야 하는데 이것이 그에게 결정적으로 질적인 도약을 할 수 있게 할 것이기 때문이다. 이 기술을 익히는 것은 꼭 필요하고 서둘러야 하는데, 아이가 자신의 교육에 자발적이 되어 글로 쓰인 주변의 모든 정보를 이용할 수 있기 때문이다.

동작의 자유는 아이의 성장에 신체적, 심리적으로 도움을 주며, 환경 속에서 움직이는 확신을 준다. 이제 아이는 상징적인 방법으로 움직이는 자유가 필요한데, 그것은 언어의 상징, 즉 씌어진 말로 주어진 지식을 습득하는 것이다.

3세 아이가 어떨 수 있는가와 실제로 어떤가를 비교해 보면, 인간의 통합된 성장이 얼마나 많이 방해받고 왜곡되어 있는지를 알 수 있다.

아이는 가족보다 더 큰 환경 속으로 들어가야 한다. 그 환경은 단순히 같이 생활하고 귀중한 관계를 맺을 수 있는 다른 사람들, 어른과 아이들 또래의 모임이 있어야 될 뿐 아니라, 아이의 정신에 적절한 기회를 줄 수 있는 특별히 준비된 사람들이 풍부하게 있어야 한다.

마리아 몬테소리가 아이의 교육을 위해 만든 첫 번째 교육환경으로 만든 "어린이의 집(Children's House)"에서 그녀는 어린이들의 지적, 정신적 능력에 대해 놀라운 발견을 했다. 이런 능력들은 그때까지는 어떤 환경하에서도 보여지지 않던 것들이다. 마리아 몬테소리는 비밀을 보여주는 것은 아이들이며, 그러나 그렇게 할 수 있도록 준비된 환경이 아니면 아무 것도 발견되지 않는다고 주장했다.

어린이를 교육하는 임무는 인류의 가장 중요한 분야의 하나이기 때문에 학교에서 가장 잘 훈련된 교사들에게 맡겨져야 한다. 그들은 아이들을 호기심과 정열이 가득한 사람으로 생각하며 아이들의 개인적 성장발전을 돕는 바른 방법을 찾아야만 한다. 교사들은 어린이들을 잘 알아야 하며, 그들의 요구와 적절한 교육기술도 알아야 한다. 오랜 세월 어린이들을 직접 경험해 본 결과 태아기 생후 3년까지의 기간이 인간의 인격형성에 기초를 만든다는 것을 깊이 확신하게 되었다. 3세부터 6세까지의 기간 역시 매우 중요한데, 그 전의 기간에 있었던 일이 계속될 수 있고, 강화되고, 필요하다면 정정될 수 있기 때문이다. 3세부터 6세까지의 시간들은 제대로 도움 받지 못한 어린이들이 "정상적"으로 될 수 있는 마지막 기회이며, 인간성장에 있어 귀중한 시간들이다.

우리는 여전히 인간성장에 진정으로 필요한 모든 것을 제공하기 위해 이 문제를 충분히 고려한 교육적인 학교교육과정을 기다리고 있다. 지난 수십 년간 진정한 진전이 없었다고 할 수는 없지만, 우리가 출생 직후 바로 시작해야 하는 어린이의 조화롭고 통합된 발달을 위해 가능한 모든 조치를 취하지 않은 것을 인정해야 한다. 인간 역사가 진보할수록 우리의 문제를 더 많이 깨달아가며 문제가 생길 때마다 미래의 적절한 해결책이 나타난다. 이런 해결책은 우리 정신의 무한한 가능성이 가지고 있는 위대한 창의력의 성과다.

1949년, 사망하기 3년 전 마리아 몬테소리는 이태리 산레모에서 개최된 제8차 국제 몬테소리학회에서 총체적 재건의 한 부분으로서 "인간교육"을 위해 연설했는데, 다시 한 번 이렇게 강조했다. "초기의 유아기가 인간의 삶에서 가장 민감한 기간이다." 또한 오직 과학적 교육만이 어린이의 무한한 정신력을 도와주고 보호해 줄 수 있으며, 개인의 복지와 전 세계의 형제애를 이루는데 기여할 수 있다. 이것이 그녀가 다음과 같이 주장한 이유이다.

"교육자의 임무는 무한하다. 왜냐하면 인간의 진보와 세계의 평화가 그들 손에 있기 때문이다."

Part 2

영유아를 위한 몬테소리 활동

Chapter 11

몬테소리 교육의 이론

몬테소리는 바람직한 교육을 위해 자신의 철학을 실천으로 옮긴 교육방법을 개발하고 연계성을 창조한 교육가이다. 몬테소리는 자신의 교육을 "인생에 도움을 주는 교육 또는 생명양식으로서의 교육"이라고도 말한다. 몬테소리는 활동의 중추로서 생명을 보고 자극하며 자신의 힘으로 미래의 삶을 준비하는 전인적인 유아로 자라나야 한다고 했다.

몬테소리 교육법을 이해하기 위해서는 그것을 받들고 있는 몇 개의 원리를 알지 않으면 안 된다. 그 시기의 어린이가 무엇을 필요로 하고, 발달과정을 따라서 전개해 나가는 생명력을 객관적으로 보는 것이 중요하다. 교육은 어린이의 존재를 알고 유아기의 특별한 의미를 알며 어린이를 발견하는 것이다.

몬테소리 교육의 목적은 유아 삶의 모든 면에서 유아 내적 생명력의 조성을 통해 정상화에 이르도록 도와 미래의 삶을 준비하는 것이다. 몬테소리는 교육이란 단지 지식을 전달하고 습득시키는 것을 넘어 전인적인 인간을 육성하는 것이다.

정신적 태아(psychic embryo)

'형성기'라 부를 수 있는 출생 후의 이 시기는 인생건설의 초기로 신생아는 무한한 지적발달을 위한 가능성을 가지고 태어나는 정신적 태아이다.

어린이는 발달과정에서 인간의 능력, 힘, 지성, 언어를 획득할 뿐만 아니라 동시에 환경의 상황에 맞추어 자신의 존재를 만들어간다. 다시 말해 자신의 생명 자체 속에서 형상을 흡수한다는 극히 중요한 특수형태를 독일의 학자 퍼시난은 므네메(기억소)라는 특별한 이름으로 불렀다. 어린이에게는 환경에 존재하는 사물 모두를 흡수하는 감수성이 있고 환경을 관찰하고 흡수함으로써 적응이 가능하게 된다. 또한 인격체를 형성하고 있는 모든 사회적, 도덕적 습관, 어느 환경 특유의 관습과 심성도 '므네메' 라고 부르는 신비적인 정신능력의 작용에 의해 유아기에 쌓아올려지는 것이다. '므네메' 는 태어나면서부터 고차원적인 기억의 일종이라고 생각할 수 있지만 이것은 단지 여러 가지 특징을 창조할 뿐 아니라 동시에 그 특성을 개인 속에서 계속 살려나가는 일을 하고 있다. 어린이가 형성한 것은 인격 속에 평생 남아있어 사지와 내장이 평생 자신의 것임과 마찬가지로 인간 개인이 자신 특유의 성격을 가지는 것도 그 때문이다.

인간의 개체 발생에 있어 자신의 것과 자신의 환경에 적응시켜 행동형을 만들며 그것이 환경 속에서 자유롭게 행동하는 것을 가능하게 하고 새로이 그 환경에 대해 영향을 줄 수 있는 것이 가능하다는 사실이다.

무한한 가능성을 가진 어린이는 마침내 인류를 변하게 하는 것도 가능케 되고 이런 의미에서 어린이는 인류의 창조자인 것이다. 어린이로부터 큰 희망과 새로운 비전이 우리 앞에 있는 것이다.

흡수정신(absorbent mind)

몬테소리는 어린이로부터 발견한 것 중에서 민감기의 발전을 자신의 공헌 중 가장 가치 있는 것 중의 하나로 여기며 그에 대한 보다 깊은 연구는 교육자의 중요한 과제로 생각했다. 민감기는 유아들이 자기 환경에 대한 지식과 이해를 얻게 되는 양식을 말한다. 흡수정신의 현상으로 유아들은 이러한 지식과 이해를 완성하는 독특한 과정을 설명해 주는 것으로 나타낼 수 있다. 흡수정신은 의식발달 이전의 특수한 정신의 상태로 환경의 무의식적인 흡수를 가능케 한다.

몬테소리는 흡수정신이 존재하는 시기를 출생 후 6세까지로 보고 무의식적 흡수정신의 시기(출생~3세)와 의식적인 흡수정신의 시기(3~6세)의 두 부분으로 나누어 보았다.

아기는 주변에 대한 인상들을 흡수할 때 정신만이 아닌 자신의 삶 그 자체로 흡수한다. 흡수정신의 본질은 유아만이 가지고 있는 특수하고 무의식적인 정신기능이다. 태아는 인간이 성숙하는데 필요한 모체가 될 수 있는 의지와 지능 그리고 기억의 잠재력을 가지고 태어난다. 그러나 이러한 잠재력이 표현할 수 있기까지는 오랜 시간이 필요한데 유아들은 의식적으로나 무의식적으로 환경에서 흡수되는 모든 인상들을 스스로 정리하고 처리하는 능력을 가지고 있어 마치 그릇에 있는 물을 빨아들이는 스펀지와 같이 자신의 사고형태에 의해 주변의 인상들을 흡수한다. 처음에는 자기의 세계를 전체로 받아들이고 그리고 그것을 분석한다. 신생아들은 울음으로 자신의 의식주를 해결하며 울음은 자기의사를 표현할 수 있는 수단인 동시에 창조하는 힘이다. 즉 정신적 기능의 '창조기' 이며 내적 생명력에 의해 인도되어지는 시기이다. 이 시기에는 한 개체가 성장할 수 있는 내적인 힘이며 생명의 근원이 되는 에너지로 설명되는 ' 호르메(Horme)' 와 유아에게 존재하는 특이한 무의식적인 기억으로써 환경을 흡수하는 기억소, 즉 '므네메(Mneme)' 에 의해 환경의 모든 것을 흡수한다.

환경에 있는 것을 이용하여 자신의 '정신체' 를 창조하는 것을 우리는 '흡수정신' 이라 한다. 자신의 정신적인 근육을 만들고 이것으로 자신의 주변 세계를 찾는데 사용하는데 이 의식적인 흡수정신의 시기는 3세까지 무의식적인 흡수정신에 의해 받아들인 것을 의식적으로 이해해가는 시기이다. 즉 이 시기는 정신적 기능의 '발달기' 가 된다. 이 시기의 유아는 정신적으로 자립을 하고 싶어하며, 자신이 받아들인 환경의 인상들을 잘 정돈하고 분류하는 시기이다.

유아들에게 있어 특별한 민감기는 특별한 흡수기와 관계되어 있으며 유아가 가장 효과적으로 흡수하는 시기는 그들의 발달과정에 나타나는 민감기에 의한 시기이다. 교사는 유아에게 작업할 수 있는 환경을 마련해 주고 유아가 얻고자 하는 에너지를 의식의 세계로 끌어내는 데 도움을 주어야 한다.

민감기(sensitive period)

'민감기'란 동물이 유아기에 있을 때 그 생물의 고유능력을 가지기 위하여 환경 속의 특정한 요소에 대해 특수한 민감성을 지칭하는 것으로 일정한 시간에 나타나는 시기를 말한다. 즉, 민감기는 유아가 자기 환경에 대한 지식과 이해를 얻게 되는 양식을 말한다. 19세기 곤충학자 드브리스가 발견한 것으로 생물학상의 사실이 인간교육에 받아들여진 것은 몬테소리가 처음이었으므로 몬테소리 특유의 용어인 것 같은 인상을 주는 것은 당연하다.

민감기는 어느 일정한 기간에 나타나서 그 시간이 지나면 사라져 버린다. 예를 들어 나비의 애벌레인 경우 갓 부화된 애벌레는 나무갈래 부분의 두껍고 큰 잎을 먹을 수 없다. 갓 낳은 애벌레가 먹을 수 있는 잎은 먼 가지 끝에 있는 작고 부드러운 새싹밖에 없다. 애벌레가 그 어린 새싹을 먹지 않으면 안 될 시기에 빛에 대해 극도로 민감해진다. 그리고 밝은 쪽 빛에 이끌려 움직여간다. 애벌레가 거친 잎을 먹을 수 있을 만큼 자라나면 빛에 대한 민감기가 사라지고 빛을 따라가는 본능도 소멸된다. 이렇게 생물이 그 시기에 필요한 것을 획득하기 위해 환경 속의 특정한 요소에 대해 특별한 민감한 감수성이 일정 기간에만 나타나는 것이다. 인간과 같이 복잡한 생물은 신체적, 정신적 각각의 여러 가지 민감기가 성장을 완성하는 18세 정도까지는 여러 가지 형태로 나타난다. 특히 0~3세의 민감기와 3~6세의 민감기의 내용은 상당히 다르다.

유아는 이 민감기에 샘솟는 강렬한 생명력에 이끌려서 자신을 환경에 적응시키고 모든 것을 획득한다. 유아가 특정한 발달과제에 대한 민감기에 이르면 그 과제에 대해 대단한 흥미와 집중력을 보이므로 이렇게 시작된 환경과의 관계는 유아의 자아 전체가 행하는 전인적인 활동이 된다. 즉 민감기의 에너지에 의해 촉발되고 전인적으로 선택하며, 환경에 관련되어가는 인격까지 더해진 활동을 몬테소리는 '어린이의 일'이라고 부른다. 관심과 열정을 쏟을 수 있는 일들을 제공해 주면 유아들은 자신을 환경과의 상호작용을 통해 습득할 수 있는 기회를 제공 받고 필요한 기술과 개념 등을 성취할 수 있게 된다.

몬테소리 교육에서 민감기는 유아기에 나타나는 특징으로 다음과 같다.

연 령	0　　1　　2　　3　　4　　5　　6세
종 류	흡수정신에 대한 민감기
	감각에 대한 민감기
	질서에 대한 민감기
	관습과 예의범절에 대한 민감기
	운동에 대한 민감기
	언어에 대한 민감기
	작업에 대한 민감기
	근육발달에 대한 민감기
	사물에 대한 민감기
	후각에 대한 민감기
	미각에 대한 민감기
	촉각에 대한 민감기
	쓰 기
	읽 기
	종교에 대한 민감기
	도덕적 민감기

독립성

어린이의 본성에는 독립성이 있으며 이것은 활동할 수 있는 능력으로 나타나며 행동선택에 영향을 미친다. 이 시기는 다시 태어나는 시기라 할 수 있으며 자아를 발견해 자신을 강하게 인식하는 시기이다. 이러한 발달을 잘 이루기 위해서는 외부적인 간섭이나 방해를 받지 않아야 하는데 간섭은 유아의 잠재력이나 자아실현 능력을 저해하는 요인으로 작용할 수 있다. 따라서 인격발달은 외부의 직접적인 지도와 간섭에서 벗어남으로써 완성될 수 있다.

예를 들어 아이가 독립을 원하는 기회를 여러 번 어른들에게 신호를 보내는데 이때 그 기회를 주어야 한다. 이때 생기는 자신감과 자존감의 씨앗은 3세 이전에 양육되어짐을 잊어서는 안 된다. 그리고 어느 날 갑자기 아이를 독립시키려고 하지 말아야 한다.

발달의 4단계

교육은 하나의 기본적인 원칙이 있는데 그것은 어른과 아이는 다르다는 것이다.

어린이의 존재 자체에 관심을 갖고 성장기의 특별한 의미를 발견하고 성숙을 향하여 변화하는 각 시기에 필요한 도움을 주어야 한다.

그 시기에 그들이 무엇이 필요하고 무엇에 관심이 있는지를 알아야 한다.

몬테소리는 관찰에 근거하여 아동의 성장발달과정을 5단계로 나누었다.

각 단계마다 특징을 가지고 있으며 그 첫 단계는 다시 둘로 나누어질 수 있다. 첫 단계인 3년까지는 탐구하는 시기로 매우 큰 변화를 가지고 오며, 두 번째는 적용하는 시기로 안정적인 적용시기라 할 수 있다.

1 제 1단계(출생~3세) : 무의식 성장과 흡수단계

지능의 발달과정과 정서적 발달의 내적 구조는 민감기와 흡수정신에 의해 생긴다. 무의식 중의 흡수정신은 성인이 된 후로 60년이나 걸릴 만큼의 모든 문화요소를 흡수하며 이것은 운동을 통하여 의식적인 정신력을 기르게 된다.

예를 들어 손을 사용하면서 힘이라는 요소를 자기능력으로 만들어가는 동시에 손을 통해 환경을 흡수한다.

2 제 2단계 (3세~6세) : 의식적 수준으로 옮겨오는 단계

6세의 아동은 자율과 순동의 내적 정신구조를 형성한다. 또한 상상력과 창의적 노력과 기초가 되는 현실세계에 대한 내적 모형을 발달시킨다.

특히 오감이 예민하게 되며 오감을 총동원해서 주변의 지식을 흡수한다.

3 제 3단계 (6세~9세) : 논리적 사고의 단계

학문적 기능과 예술적인 기능의 기초를 익혀서 자신의 문화 속에서 자신의 인생을 실현할 준비를 한다. 사물의 이치를 알고 싶은 지적인 욕구가 강하며 선악을 구별한다. 어린이 내부의 지식이나 이해를 요구하는데 그치지 않고 정신적으로 독립하여 자신 스스로 선과 악을 구별하려는 의욕이 강하다.

4 제 4단계 (9세~12세) : 사회 속의 신생아

무한우주의 방대한 지식세계로 마음을 활짝 개방하는 이 시기는 3세까지의 아동이 자신의 모든 환경을 흡수하는 시기와 같다. 다른 점은 3세의 아동은 무의식적이며 자신의 직접적인 경험이 있는 제한된 세계만이 정신적 발달의 대상이 되었으나 이 시기의 아동은 모두 의식적인 학습을 하며 간접경험의 세계에 속하는 문화의 내용과 우주에 대한 지식의 대상이 된다.

5 제 5단계 (12세~18세) : 사회를 위한 공헌자

관심분야에 대해 훨씬 깊게 집중적으로 탐구하는 이 시기의 아동은 자신의 인생 방향에 맞추어 선택하고 노력하며 필요시에는 제한된 선택도 기꺼이 받아들인다. 이 시기의 자신이 처해 있는 문화적 환경조건에 의해 다른 어느 시기보다 크게 영향을 받고 정신적 발달을 이루는 시기이다. 청소년기의 여러 가지 문제가 문화에 따라 모두 다르게 나타나고 평가되어지는 것이 바로 이 때문이다.

① 청년 1기(12~15세)는 사회적으로 눈뜬 자아의 창조과정 시기이다.

② 청년 2기(15~18세)는 자신을 확립하여 사회 속에서 자신의 위치에 대해 관심을 가지며 타인과 비교하여 자신의 부족한 면에 민감하다.

몬테소리는 민감기, 흡수정신, 정신적 발달을 지배하는 자연적 법칙을 아동의 관찰을 통해 발견할 수 있었기 때문에 교육은 반드시 새로운 목표를 가져야 한다는 생각을 확고히 했다. 즉, 교육의 목표는 아동 그 자체를 연구하고 관찰하는데 두어야 한다. 오직 이러한 방법만이 아동의 내재하는 성장력을 발달시킬 수 있도록 도와주는 데에 근거한 새로운 교육이 과거의 지식을 전달해 주는 데 근거한 현재의 교육방법을 대체할 수 있다.

정상화(normalization)

정상화란 말은 일반적인 용어지만 몬테소리 교육 안에서는 특정한 개념을 지적하고 있다. 몬테소리는 여러 가지 힘이 조화롭게 균형을 이루며 작용하는 것을 '정상' 이라고 했다, '정상화' 란 지금까지 어린이에게서 나타나는 정상이 아닌 상태가 사라지고 어린이 내면에 잠재하고 있던 정상적인 심적 상태가 나타나는 것이다. 어린이가 자신의 발달을 이끌어가는 에너지인 호르메는 정신적인 에너지로 생명 그 자체에 내재되어 있으며 생명체의 발달과 성장에 작용하는 힘이다. 정상화된 어린이의 특징은 자기 자신을 통제할 수 있으며 신중하고 바르며 품위와 정의감이 풍부하고 순종하며 자유를 바르게 사용하는 능력이나 질서감이 있는 어린이이다.

작업과 정상화에 도달하는 것 사이에는 밀접한 관계가 있다.

환경에 전인격적인 활동이 일어나면 집중이 생기며 주의력의 집중은 심리적, 생리적 기능에 조화를 초래하고 정신의 방향을 가능케 한다. 즉 작업을 사랑하고 잘 해내는 어린이는 자신의 능력을 극대화하고 집중하며 자유로운 활동을 통해 정상화에 도달할 수 있다. 정상화된 어린이는 자신이 원하는 작업을 스스로 선택하고 작업을 통해 큰 기쁨을 느끼게 된다. 스스로 선택한 작업은 집중을 통해 스스로 몰입되어간다. 유아가 작업에 집중할 수 있도록 교사는 구체적인 활동과 교구를 통해 유아의 정상화를 위한 목적과 방향에 맞는 교육을 제시해야 한다.

준비된 환경(prepared environment)

몬테소리는 교육의 필수적인 요소를 아동, 교사, 교구, 교사가 안내자의 역할을 하는 "준비된 환경" 등의 세 가지로 보았다. 이 세 가지 요소를 중심으로 교육방법을 개발했다.

① 아동과 교사가 바람직한 관계를 형성하는 것은 교육에 있어 기본적인 과제이다. 효과적인 관계는 어른이 아동의 창의적 잠재력 그리고 자신의 본성 속에 자리 잡고 있는 특정의 리듬에 맞추어 독립적이고 자유롭고자 하는 아동의 권리를 깊이 인식할 때에만 가능하다.

② 아동은 장래에 실현되고자 하는 인간상을 자신 속에 가지고 있다. 자신의 잠재력을 충분히 실현하려면 아동은 반드시 한 인간으로 존중되어야 한다. 아동의 원만한 발달을 위해서는 아동의 권리, 한계, 준비도 등이 이해되고 존중되어야 한다.

아동은 어른이 존중해 주어야 할 자신의 인간적 존엄성에 대한 생각을 가지고 있다.

③ 아동들은 "준비된 환경"을 통해서 아주 효과적으로 교육될 수 있다. 이 환경에서 필수적인 것은 특별히 고안된 교구뿐만 아니라 아동이 다양한 학습과제를 성취하는 데 있어 아동의 준비도에 맞추어 잘 이해할 수 있도록 교구를 제시하는 방법까지도 포함된다.

④ "준비된 환경"이란 충분히 훈육된 교사와 교사의 표면이 드러나지 않은 교수법과 자유로운 분위기가 결합된 것이다. 이러한 환경 속에서 아동은 스스로 이룬 성취감, 즐거움, 그리고 질서와 지도로부터 오는 안정감을 느낄 수 있다. 자유는 흥미의 선행요건이며 흥미는 집중력으로, 집중력은 자신의 통제로, 자신의 통제는 능력으로, 능력은 자신감으로 발전된다.

⑤ 교구 자체가 매력적이며 스스로 오류를 정정할 수 있는 교구들은 개별화된 학습과제를 계속되는 학습에서 동기를 제고해 주고 기본적인 학습습관을 형성시킨다. 창조적인 시기의 의미 있는 활동들을 경험하게 하는 것은 아동으로 하여금 자신을 발전시키도록 동기화시키는데 가장 효과적이다.

몬테소리는 모든 아동은 탐구하고 발견하고 배우고자 하는 욕구를 자신의 내부에 가지고 있다고 했다. 자극을 주는 환경 속에서 아동은 자발적으로 탐구활동에 몰두한다. 자신의 다양한 능력을 발휘할 수 있는 충분한 기회가 주어질 때 아동은 집중력과 질서감, 내적 통제력 등이 발달한다.

Chapter 12

주제별 활동계획안

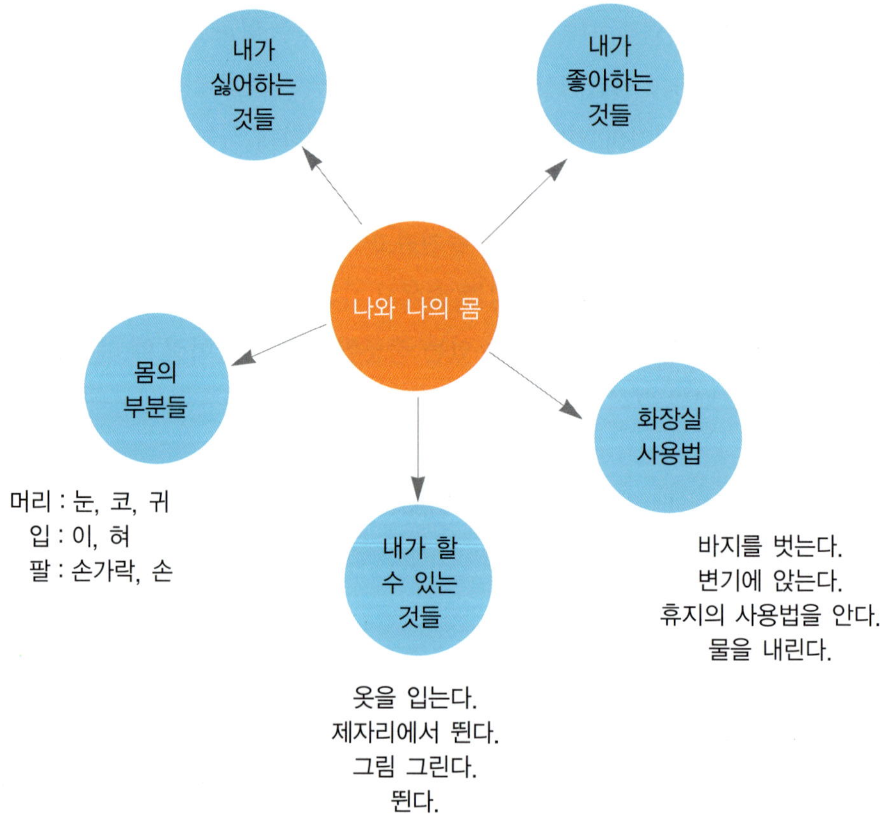

역할놀이 영역

1 내가 보여요! (18개월~24개월)

- 준비물 : 깨지지 않는 거울, 모자
- 깨지지 않는 거울을 벽면 한쪽에 걸어놓고 커튼을 친다.
- 여러 종류의 모자를 바구니에 넣어둔다.
- 거울을 통해 유아는 자신의 얼굴을 본다.
- "윤지야, 거울 속에 누가 있니?", "아! 윤지가 있네. 선생님이 거울 속에 윤지를 보고 있어요.", "윤지가 모자를 쓰고 있네요."
- 유아는 여러 가지 모자를 써본다.

2 손과 발 (24개월~30개월)

- 준비물 : 운동양말(성인용), 벙어리장갑, 바구니
- "정한아, 정한이는 양말을 신고 있네요. 양말은 발을 따뜻하게 해주지요. 선생님은 장갑을 끼고 있어요. 장갑은 손을 따뜻하게 해주지요." 유아는 자유로이 양말을 신어보기도 하고 벗어보기도 한다.

3 재미있는 신발 (30개월~36개월)

- 준비물 : 유아의 발이 들어가고도 남을 만큼의 큰 신발들, 여러 가지 다른 크기의 신발들을 신어본다.
  (낡은 신발들은 스프레이 페인트로 뿌린 후 말린 뒤 붓으로 여러 가지 그림을 예쁘게 그려 유아들의 흥미를 자극한다)

감각영역 / 미술영역

1 손바닥 찍기

- 베이킹 팬에다 물감을 준비한다. 종이에 유아들이 손바닥을 찍은 후 말린다. 교실 벽 유아의 눈높이에 붙인다.

2 얼굴 붙이기 (18개월~24개월)

- 준비물 : 얼굴의 부분들(눈, 눈썹, 코 ,입), 융판, 잡지, 풀, 종이
- 융판에 얼굴의 부분들에 대해 이야기 나누면서 한 부분씩 융판에 붙인다. 잡지에서 오려둔 얼굴의 부분들을 보여준다.
- 종이에 부분들을 붙여본다.

3 냄새나는 물감 (24개월~30개월)

- 준비물 : 물감, 향(가루로 된 음료믹서를 물감에 타면 좋다), 종이, 붓
- 물감에 향을 탄다.
- "희정아, 이것이 무슨 냄새일까? 레몬냄새 같은데~"
- "노란색 물감에서 레몬냄새가 나네요."

4 엠보싱 포장지 찍기 (30개월~ 36개월)

- 엠보싱 포장지를 사각형으로 자른다. 반으로 접어 가로, 세로 부분을 테이프로 붙여 장갑모양으로 만든다.
- 책상 위에 종이나 비닐을 깐다.
- "장갑을 만져보세요. 느낌이 어때요? 장갑이 올록볼록하네요."
- "여기에 물감을 찍어보면 어떨까?"
- 핑거 페인트를 준비한다. 손가락으로 장갑에 물감을 묻힌다.
- 종이에 찍는다. 말린 후 벽에 전시한다.

5 촉각 보드 (24개월~30개월)

- 하드보드에 여러 가지 촉감의 천이나 종이를 붙인다.

  예 촉감이 다른 여러 가지 천, 벽지, 사포, 엠보싱 포장지(일명 뽁뽁이 포장지), 카펫 조각 등 한쪽 벽면에 붙인다.
- "손으로 이것을 한번 만져보세요. 이 사포의 촉감은 어때요?"

6 촉감 양말 (24개월~30개월)

- 준비물 : 어른 사이즈의 튜브양말(운동 양말), 적절한 크기의 장난감
- 양말 속에 장난감을 넣는다.

- 교사는 장난감의 촉감에 대해 이야기한다.
- 아이들이 손을 집어넣어 장난감을 꺼낸다.
- 교사는 장난감의 촉감에 대해 이야기한다.
- "이것은 참 부드럽네, 마치 정한이의 이불 같아요."

7 손가락 그림 (24개월~30개월)

- 준비물 : 잉크패드, 종이, 플라스틱 확대경
- 잉크패드에 손을 찍어 종이에 찍는다.
- 확대경으로 찍은 종이를 본다.
- 확대경을 사용했을 때와 사용하지 않았을 때를 비교한다.

8 푸딩 페인트

- 푸딩에 식용물감을 조금 넣는다. 책상에 종이를 깐다.
- 푸딩을 종이에 놓는다. 손가락으로 그리며 맛을 보기도 한다.

9 주사위

- 준비물 : 유아들 사진, 종이보드로 만든 주사위
- 유아들의 사진을 주사위에 붙인다. 같은 방법으로 몇 개의 주사위를 만들어 유아들이 주사위를 쌓아보기도 하고 주사위의 친구들이나 가족 사진을 보기도 한다.

10 사진첩 만들기

- 반 친구들의 사진을 책으로 만든다.
- "그림을 보세요. 무엇이 보이나요? 선생님은 ○○의 하얀 이가 보여요. ○○의 이는 어디에 있나요? ○○은 무엇이 보이나요?"

11 나도 할 수 있어요! (24개월~30개월)

- 준비물 : 잡지의 그림들, 풀, 구멍펀치, 실, 종이
- 종이에 그림을 붙이고 실로 묶어 책을 만든다.
- 책의 그림에서 보이는 상황을 말해본다.
- "○○야, 선생님은 차에 타고 있는 아이가 보여요. 다음 그림은 뭘 하고 있을까요? 무엇이 보이나요?"

12 손과 발 이야기

- 손과 발을 사용한 그림들을 책에 붙인다.
- 그림에 대해 이야기 나눈다. 특히 손과 발을 사용하는 부분을 강조한다.

주간계획안 예시 (3월 1~4주)

	1주	2주	3주	4주
이달의 주제	주물주물 놀이			
등원 및 맞이하기	- 선생님과 인사하기 - 부모님과 인사하기			
Theme (매체탐구활동)	플레이도 주무르기Ⅰ	플레이도 주무르기Ⅱ	밀가루 놀이	밀가루 점토
	- 인사를 나누어요. - 마음껏 주무르기 - 조물조물 뜯기	- 친구를 소개해요. - 길게 늘려보아요. - 모양반죽 만들기 (찍기)	- 밀가루를 만져보면 어떤 느낌이 날까? - 밀가루를 쏟아보아요	- 밀가루 반죽에 손도장을 찍어보아요 - 밀가루 반죽에 발도장을 찍어보아요 - 반죽 속 보물찾기
몬테소리 활동	손가락으로 옮기기	숟가락으로 옮기기	같은 그림 찾기	1~5 수세기
동 화	빗속에서 생긴 일	삐약이는 흉내쟁이	난 토마토 절대 안 먹어	세 친구와 곰
새 노 래	나는 유치원에 갑니다	꼭꼭 약속해	밖으로 나가 놀자	싹트네
Fun Fun Activity	- 체럽 둘러보기 - 악기 소리 듣기	- 인형 안아주기 - 나무와 친구하기	- 종이 벽돌블록 쌓기 - 풀잎 떼기 놀이	- 퍼펫 인형 놀이 - 초록풀잎 찾기

<table>
<tr><th></th><th></th><th colspan="2">1주</th><th>2주</th><th>3주</th><th>4주</th></tr>
<tr><td rowspan="7">Special</td><td>Gym</td><td colspan="2">질서와 규칙 이해하기, 스킨십 프로그램, 기초체력 운동,</td><td>질서 교육,
왕복달리기
무궁화꽃이 피었습니다</td><td>전신반응하기
걷기, 달리기,
점프하기</td><td>괴물을 피해라!!
게임
동대문 놀이</td></tr>
<tr><td rowspan="4">Cherub Music</td><td>FOCUS</td><td colspan="4">Fast and Slow</td></tr>
<tr><td>PROPS</td><td colspan="2">스카프</td><td>후프, 스카프</td><td>후프</td></tr>
<tr><td>INSTRUMENTS</td><td colspan="2">리듬스틱
징글벨</td><td>리듬스틱
징글벨
기차 피리</td><td>샌드블록,
기차피리</td></tr>
<tr><td>SONG</td><td colspan="2">Jingle go the car key</td><td colspan="2">Walk and stop</td></tr>
<tr><td rowspan="2">Story telling</td><td colspan="3">Five Little Monkeys Jumping on the Bed</td><td colspan="2">Spot's Birthday Party</td></tr>
<tr><td colspan="3">Theme : Number
Alphabet : A
Language : brush the teeth, put on the pajamas, take a bath, go to bed</td><td colspan="2">Theme : Birthday / Animal
Alphabet: B
Language: hide and seek, bear, crocodile, monkey, penguin...</td></tr>
<tr><td colspan="2">Art</td><td colspan="2">플레이도 판화</td><td>HOUSE HANGER</td><td>가루로 표현해요</td><td>개구리 모자접기</td></tr>
<tr><td colspan="2">기본생활습관</td><td colspan="5">- 엄마와 울지 않고 헤어지기.
- 바르게 인사해요.</td></tr>
</table>

Chapter 13 교육내용

0~18개월에 필요한 활동 및 환경

① 누워있거나 아직 움직일 수 없는 영아를 위한 교구로는 모빌

② 낮은 침대

③ 계단

④ 걷기를 위한 끄는 마차

⑤ 자전거

⑥ 붙들고 설 수 있는 봉

⑦ 팔걸이가 부착된 이유책상

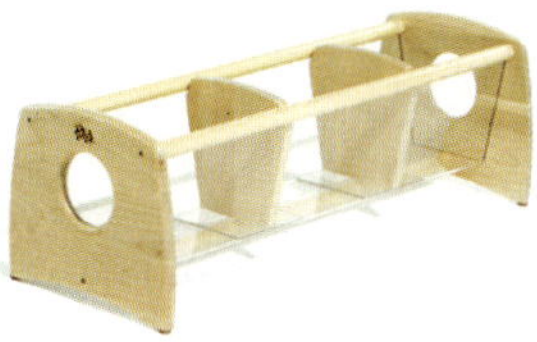

⑧ 낮은 책꽂이와 선반

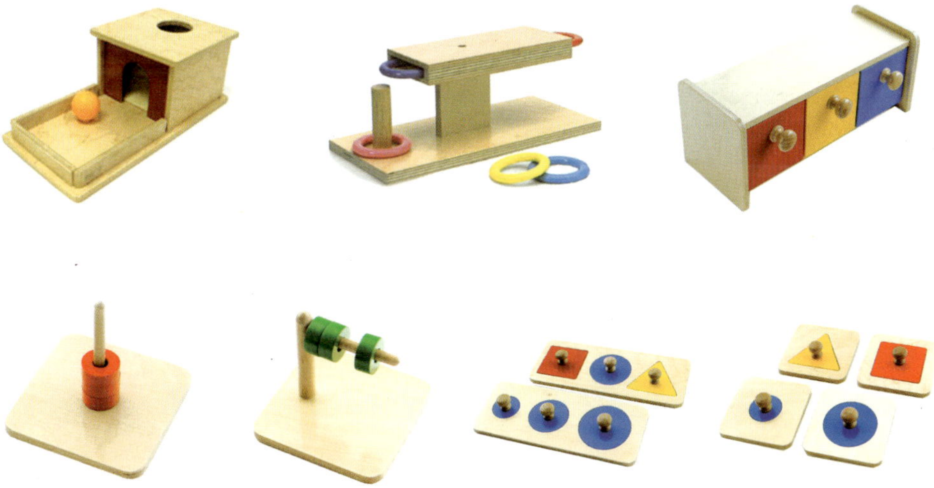

⑨ 다양하게 조작할 수 있는 교구들

18개월~36개월 환경과 활동들

일상생활 영역

일반적으로 몬테소리 교육의 일상생활 영역은 다음과 같이 분류한다.

1 활동을 위한 준비

활동을 위한 준비로 매트 펴고 말기, 교구 나르기 등 활동을 위한 준비를 유아들이 독립적이면서도 집중력을 가지고 작업할 수 있도록 도와준다.

- 매트 펴고 말기
- 교구 나르기

2 예의범절

예의범절은 사회생활을 원활하게 하기 위한 사회적 예의범절이나 규칙을 위한 것으로 다른 사람과의 관계를 잘 형성할 수 있는 능력을 기른다.

- 인사하기

3 동작의 분석과 조절능력

일상생활 활동을 하기 위한 기본적인 동작을 말하며 손가락뿐 아니라 몸 전체를 받아들이는 동작을 말한다.

동작의 여러 요소를 분석하여 조절하는 연습을 하며 동작의 분석이란 계속되는 동작을 구별하여 정확하게 한 동작씩 행하게 하는 것이다.

- 콩 만지기
- 두 손으로 옮기기
- 한 손으로 옮기기
- 손가락으로 옮기기
- 숟가락으로 옮기기
- 집게로 옮기기
- 마른 것 따르기
- 스펀지 짜기
- 빨래집게 꽂기

- 나사 돌리기
- 병뚜껑 열고 닫기
- 망치질하기
- 큰 구슬 끼우기
- 단추 끼우기
- 망치질하기

4 자신에 대한 배려

유아 자신이 자기 존중감, 자신감, 자립심을 발달할 수 있도록 도와주는 활동으로 옷틀, 거울보기 등이 있다.

- 옷틀
- 양말 짝짓기
- 나뭇조각 닦기
- 거울 닦기
- 머리 빗기
- 손 닦기

5 환경에 대한 배려

자기 주위의 실·내외 환경을 돌보는 일로 동·식물 돌보기 등이 있다.

- 화분에 물주기
- 나뭇잎 닦기
- 빗자루 사용하기
- 상 차리기
- 바나나 자르기
- 잼 바르기

나사 돌리기

교 구

나사가 붙여진 나무판, 책상용 매트, 쟁반

대상연령

18개월~

목 적

- 나사를 열고 닫는 법을 익힌다.
- 섬세한 근육조절
- 집중력, 협응력, 질서감, 독립심

제시방법

1. 매트를 깐다.
2. 나사 판을 꺼내 매트 위에 놓는다.
3. 왼손으로 나사 판을 잡고 오른손으로 나사를 잡고 시계반대 방향으로 천천히 돌린다.
4. 반복하여 나사가 분리될 때까지 돌린다. 뺀 나사를 매트 위에 놓는다.

흥 미 점

못과 나사가 분리되는 것을 보는 것

변형 및 응용

다양한 나사와 못의 모양과 재질

병뚜껑 열고 닫기

교 구

바구니, 매트, 빈 화장품 병 3개

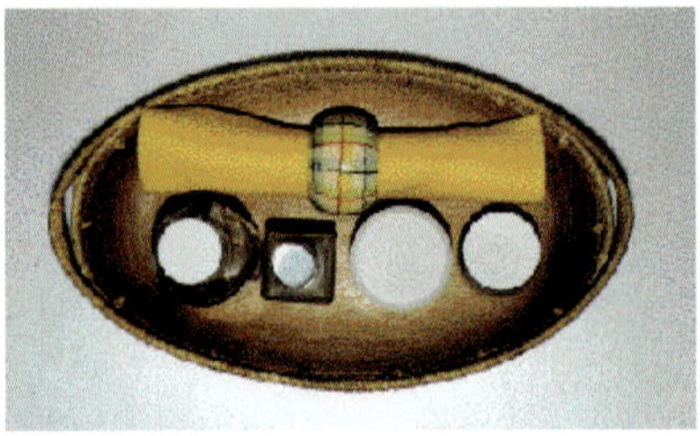

대상연령

24~27개월

목 적

- 병뚜껑 열고 닫는 법을 익힌다.
- 쓰기를 위한 손과 손목의 운동준비
- 집중력, 협응력, 질서감, 독립심

제시방법

1. 유아를 초대해 활동명을 알려준다.
2. 유아의 맞은편에 앉는다.
3. 쟁반에서 병을 꺼내 매트 위에 놓는다.
4. 병 한 개를 손바닥에 올려놓고 오른손으로 뚜껑을 잡고 시계반대 방향으로 천천히 돌린다.
5. 같은 방법으로 나머지 병들도 뚜껑을 열어 매트 위에 놓는다.
6. 병뚜껑을 살펴본 후 맞는 병을 찾아 다시 뚜껑을 닫는다.
7. 같은 방법으로 나머지 병도 뚜껑을 닫는다.
8. 유아에게 권유한다.

흥 미 점

다양한 병의 모양과 재질, 병과 병뚜껑이 분리되는 것을 보는 것

실수의 정정

교구 정리정돈이 제대로 되지 않을 때

변형 및 응용

다양한 병의 모양을 바꾸어준다.

큰 구슬 끼우기

교 구

큰 나무 구슬, 끈, 용기 2개, 쟁반

대상연령

18~24개월

목 적

- 세 손가락으로 집기 발달
- 집중력, 협응력, 독립심, 질서감

제시방법

1. 유아를 초대해 활동명을 알려준다.
2. 유아와 마주 보고 앉는다.
3. 두 손으로 끈의 왼쪽 끝에서 오른쪽 끝의 매듭이 있는 데까지 실을 쫙 편다. 오른손 엄지, 검지, 중지, 세 손가락으로 실을 쥐고 오른손으로 구슬을 끼운 후 왼쪽에서 오른쪽으로 매듭이 있는 데까지 구슬을 민다.
4. 같은 방법으로 구슬을 다 끼운다.
5. 구슬을 한 개씩 빼서 다시 용기에 넣은 후 유아에게 권유한다.

흥 미 점

- 끈을 구슬에 맞추어 끼우는 것
- 구슬의 모양, 색깔

변형 및 응용

구슬과 다른 내용물을 바꾸어준다. (머리 마는 것, 마카로니 등)

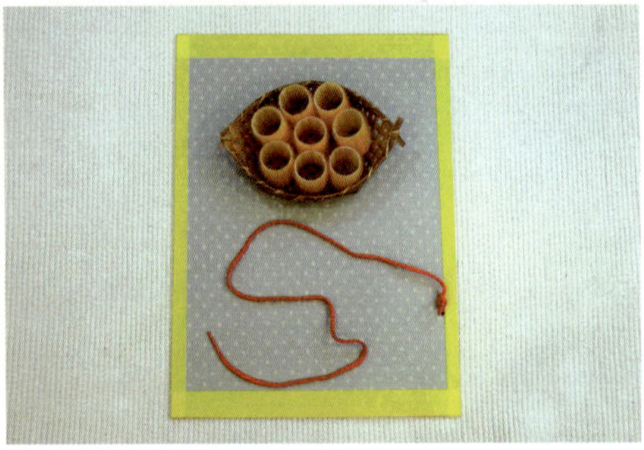

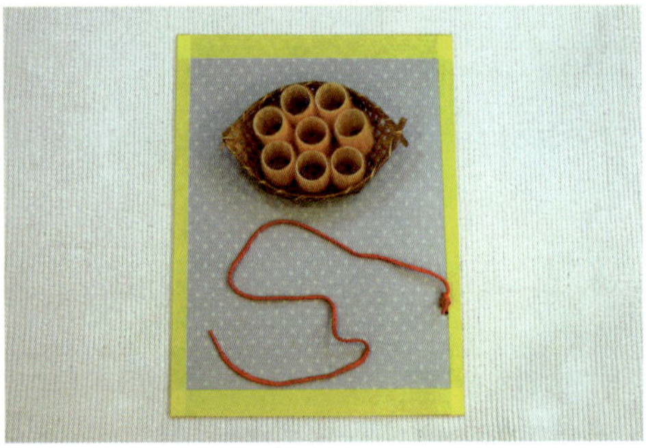

단추 끼우기

교 구

큰 단추, 나무바늘, 구두끈

대상연령

27~33개월

목 적

- 세 손가락으로 집기 발달
- 집중력, 협응력, 독립심, 질서감

제시방법

1. 유아를 초대해 활동명을 알려준다.
2. 유아와 마주 보고 앉는다.
3. 두 손으로 끈의 왼쪽 끝에서 오른쪽 끝의 매듭이 있는 데까지 실을 쫙 편다. 오른손 엄지, 검지, 중지, 세 손가락으로 실을 쥐고 오른손으로 구슬을 끼운 후 왼쪽에서 오른쪽으로 매듭이 있는 데까지 구슬을 민다.
4. 같은 방법으로 구슬을 다 끼운다.
5. 구슬을 한 개씩 빼서 다시 용기에 넣은 후 유아에게 권유한다.

흥 미 점

- 끈을 구슬에 맞추어 끼우는 것
- 구슬의 모양, 색깔

변형 및 응용

1. 단추의 모양과 실의 색깔을 바꾸어준다.
2. 바느질하기

망치질하기

교 구

나무망치, 스펀지나 스티로폼, 골프 티

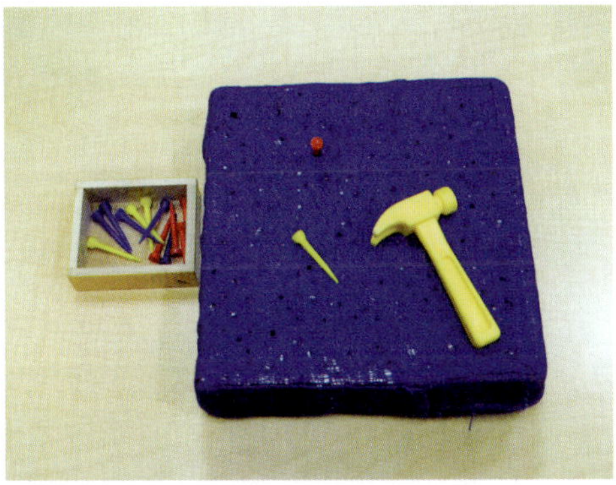

대상연령

24개월

목 적

- 못 박는 법을 배운다.
- 집중력, 협응력, 질서감, 독립심

제시방법

1. 유아를 초대해 활동명을 알려준다.
2. 유아와 마주 보고 앉는다.
3. 쟁반에서 스펀지를 꺼낸다.
4. 용기에서 티를 한 개 꺼내 스펀지에 댄다.
5. 망치로 티 머리를 친다.
6. 같은 방법으로 원하는 만큼 박는다.
7. 스펀지에 박혀있는 티를 손가락으로 빼서 용기에 넣는다.
8. 유아에게 권유한다.

흥 미 점

- 티와 망치 모양
- 내용물을 박을 때 나는 소리

변형 및 응용

스펀지 대신 찰흙을 준비한다.

옷 틀

교 구

옷 틀(단추, 똑딱이 단추, 지퍼, 소매, 멜빵 틀)

대상연령

24~27개월

목 적

- 혼자 옷을 입고 벗는 법을 배운다.
- 집중력, 협응력, 질서감, 독립심

제시방법

1. 매트를 편다.
2. 유아를 초대해 활동명을 알려준다.
3. 유아의 오른편에 앉는다.
4. 옷 틀의 단추를 한 개씩 천천히 뺀다.
5. 옷 틀의 양쪽 단이 완전히 열렸음을 펼쳐 보인다.
6. 양쪽 단을 다시 틀의 중심으로 오게 한 후 제일 위의 단추부터 끼운다.
7. 유아에게 권유한다.

흥미점

옷 틀

변형 및 응용

여러 가지 옷 틀

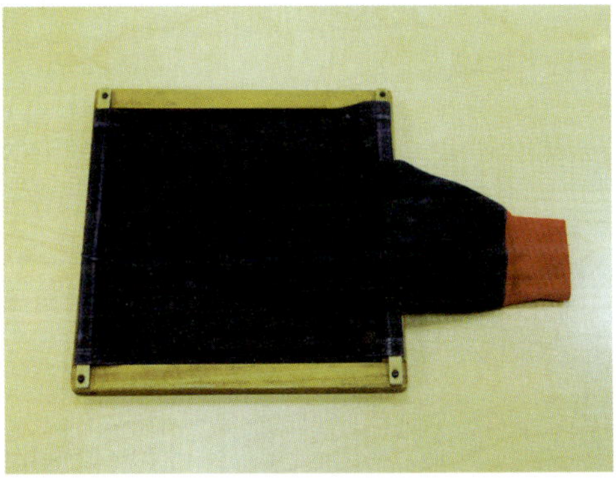

양말 짝짓기

교 구

빨강, 노랑, 보라색 등 양말 각각 한 켤레, 바구니

대상연령

24개월~

목 적

- 서로 짝이 되는 양말끼리 모아 접는다.
- 집중력, 협응력, 질서감, 독립심

제시방법

1. 유아를 초대해 활동명과 교구의 위치를 알려 준다.
2. 교사는 유아의 오른쪽에 앉는다.
3. 바구니를 꺼내 매트에 놓는다.
4. 양말을 꺼내 왼쪽에서 오른쪽으로 나열한다.
5. 같은 색이나 무늬가 같은 양말을 찾아 짝짓는다.
6. 양말을 다시 섞어놓고 유아에게 권유한다.

흥 미 점

- 양말 모양
- 같은 색깔끼리 맞추어 보는 것

변형 및 응용

여러 가지 촉감의 양말, 여러 가지 무늬의 양말을 준비한다.

나뭇조각 닦기

교 구

- 나무조각품, 비닐매트, 스펀지, 헝겊, 약병,
- 로션, 쟁반, 바구니

대상연령

18개월

목 적

- 근육조절, 집중력, 협응력, 질서감, 독립심
- 환경 가꾸기

제시방법

1. 비닐매트를 깔고 나뭇조각을 꺼낸다.
2. 약병과 작은 그릇을 매트 위에 꺼낸다.
3. 약병을 눌러 그릇에 로션을 조금 짠다.
4. 스펀지에 로션을 묻혀 나뭇조각에 골고루 바른다.
5. 헝겊으로 문지른 다음 헝겊과 스펀지를 빨래하는 곳에 갖다 둔다.
6. 나뭇조각을 바구니에 넣는다.
7. 새 헝겊과 스펀지를 바구니에 채워 넣는다.
8. 비닐매트를 만다.
9. 교구장에 갖다 놓는다.

흥 미 점

나무를 닦아 보는 것

실수의 정정

공룡 닦기

거울 닦기

교 구

거울, 면봉 또는 솜, 스펀지, 수건, 앞치마, 물, 약병

대상연령

24~36개월

목 적

- 일상생활의 기술을 익힌다.
- 환경을 깨끗하게 하는 습관을 기른다.
- 집중력, 협응력, 질서감, 독립심

제시방법

1. 유아를 초대해 활동명을 알려준다.
2. 앞치마를 입는다.
3. 교사는 유아의 오른쪽에 앉는다.
4. 쟁반에 있는 용기에 물을 조금 짠다.
5. 거울을 유아 앞에 놓는다.
6. 솜을 물에 찍어 거울을 원을 그리며 닦는다.
7. 유아에게 권유한다.
8. 유아가 활동이 끝나면 솜을 쓰레기통에 넣는다.
9. 교구를 정리해서 갖다 놓는다.
10. 앞치마를 건다.
11. 손을 씻는다.

흥 미 점

거울을 닦아 보는 것, 솜에 묻은 먼지를 보는 것

변형 및 응용

여러 가지 모양의 거울, 안경 닦기, 유리창 닦기

머리 빗기

교 구

거울, 빗, 쟁반

대상연령

24개월 이상

목 적

- 머리 빗는 법을 익힌다.
- 집중력, 협응력, 질서감, 독립심을 기른다.

제시방법

- 쟁반을 들고 거울 가까이 간다.
- 빗을 이용해 머리 빗는 것을 보여준다.

흥 미 점

빗을 사용해 머리를 빗어보는 것

변형 및 응용

- 다양한 모양의 빗을 사용한다.
- 머리핀을 준비하여 꽂아본다.

손 닦기

교 구

세면대, 비누, 수건

대상연령

18개월 이상

목 적

자신 돌보기

제시방법

1. 손을 적신다.
2. 비누를 손에 묻힌 후 비누를 제자리에 놓는다.
3. 양손을 마주 대고 비빈다.
4. 손가락 한 개, 한 개씩 손등도 모두 비벼 씻는다.
5. 비눗기가 없어질 때까지 물로 헹군다.
6. 수건으로 닦는다.

흥 미 점

- 비누거품
- 손이 깨끗해지는 것을 보는 것

화분에 물주기

교 구

물뿌리개, 나무막대, 스펀지

대상연령

18~36개월

목 적

- 환경 돌보기
- 집중력, 협응력, 질서감, 독립심

제시방법

화분을 놓아두는 장소는 미리 정해 놓는다.

1. 유아를 초대해 활동명을 알려준다.
2. 유아의 오른편에 앉는다.
3. 식물에 왜 물이 필요한지 이야기하며 화분에 있는 막대를 뽑아 화분에 물이 필요한지 본다.
4. 물뿌리개에 물을 담아온다.
5. 한 손으로 물뿌리개 주둥이를, 다른 손으로 물뿌리개 손잡이를 잡고 조심스럽게 화분으로 온다.
6. 화분에 물을 골고루 준다.
7. 화분 주위에 물이 떨어졌으면 스펀지로 닦는다.

흥 미 점

식물, 마른 흙이 촉촉해지는 것을 보는 것

변형 및 응용

화단에 물주기

나뭇잎 닦기

교 구

분무기, 솜, 스펀지, 쟁반

대상연령

30~36개월

목 적

- 환경 돌보는 법을 배운다.
- 집중력, 협응력, 질서감, 독립심
- 공간관계와 방향감각을 익힌다.

제시방법

화분을 놓아두는 장소는 미리 정해 놓는다.

1. 유아를 초대해 활동명을 알려준다.
2. 유아의 오른편에 앉는다.
3. 분무기로 잎에 물을 뿌린다.
5. 왼쪽 검지와 중지 사이에 잎을 끼고 잎을 손바닥에 놓는다. 솜으로 잎을 닦는다. 다른 잎도 닦는다.
6. 솜을 휴지통에 버리고 새 솜을 채워 넣는다.
7. 화분 주위에 물이 떨어진 곳이 있으면 스펀지로 닦는다.

흥 미 점

- 잎의 모양, 손바닥 위에 잎의 감촉
- 잎의 먼지를 닦아 주는 것

빗자루 사용하기

교 구

- 유아용 빗자루, 쓰레받기, 용기, 쟁반
- 내용물(딱딱한 스펀지 조각이나 조개 등)

대상연령

24~36개월

목 적

- 일상생활의 기술을 익힌다.
- 집중력, 협응력, 질서감, 독립심

제시방법

쟁반에 색 테이프로 사각형 모양의 선을 붙여 놓는다.

1. 유아를 초대해 활동명을 알려준다.
2. 쟁반을 가지고 활동장소로 온다.
3. 용기에 있는 내용물을 사각형 선 주위에 뿌린다.
4. 빗자루로 사각형 선 안으로 내용물을 모은다.
5. 쓰레받기로 내용물을 담는다.
6. 내용물이 떨어진 곳이 있으면 손으로 주워 담는다.

흥 미 점

빗자루, 쓰레받기를 사용해 보는 것, 내용물

변형 및 응용

1. 빗자루 모양 : 페인트 붓을 사용해도 좋다
2. 여러 가지 종류의 내용물

상 차리기

교 구

- 유아용 밥그릇, 국그릇, 수저, 컵
- 식탁 매트(매트에는 그릇의 검정 테두리가 그려져 있다)

대상연령

24~36개월

목 적

- 일상생활의 기술을 익힌다.
- 집중력, 협응력, 질서감, 독립심

제시방법

1. 유아를 초대해 활동명을 알려준다.
2. 유아의 맞은편에 앉는다.
3. 식탁 매트를 깐다.
4. 유아의 왼쪽에 밥그릇을 놓는다.
5. 유아의 오른쪽에 국그릇을 놓는다.
6. 국그릇 옆에 숟가락과 젓가락을 놓는다.
7. 수저 위쪽에 물 컵을 놓는다.
8. 유아에게 권유한다.

흥 미 점

여러 가지 모양의 그릇들

실수의 정정

그릇의 자리가 바뀐 것을 볼 때

바나나 자르기

교 구

바나나, 바나나 담을 용기, 플라스틱 칼, 도마, 스펀지, 접시, 쟁반

대상연령

27~33개월

목 적

- 일상생활의 기술을 익힌다.
- 집중력, 협응력, 질서감, 독립심

제시방법

바나나는 반으로 잘라 껍질을 잘 벗길 수 있도록 칼집을 내어 놓는다.

1. 유아를 싱크대로 초대해 활동명을 알려준다.
2. 손을 씻는다.
3. 교사는 유아의 오른편에 앉는다.
4. 도마를 놓고 바나나를 놓는다.
5. 바나나의 껍질을 벗긴다.
6. 껍질은 바나나 담은 용기에 넣는다.
7. 칼을 오른손으로 잡고 바나나를 1cm 정도의 두께로 자른다.
8. 한 번에 한 조각씩 접시에 담는다.
9. 다른 유아에게 먹어보라고 권유하거나 간식으로 혼자 먹는다.
10. 다 먹은 후 바나나 껍질은 쓰레기통에 넣고 온다.
11. 스펀지로 도마를 닦는다.
12. 다 쓴 칼은 칼 모아두는 곳에 갖다 놓고 새 칼을 가지고 와 놓는다.
16. 교구를 정리한다.

흥 미 점

- 자르기
- 친구들과 나누어 먹기

실수의 정정

- 바나나가 너무 두껍게 잘려진 것을 볼 때
- 바나나 껍질이 남겨져 있을 때를 볼 때

변형 및 응용

과일 모형 자르기

잼 바르기

교 구

- 크래커, 버터용 칼, 잼, 잼 담을 용기, 냅킨, 쟁반, 접시
- 크래커 숫자를 제한하는 숫자판

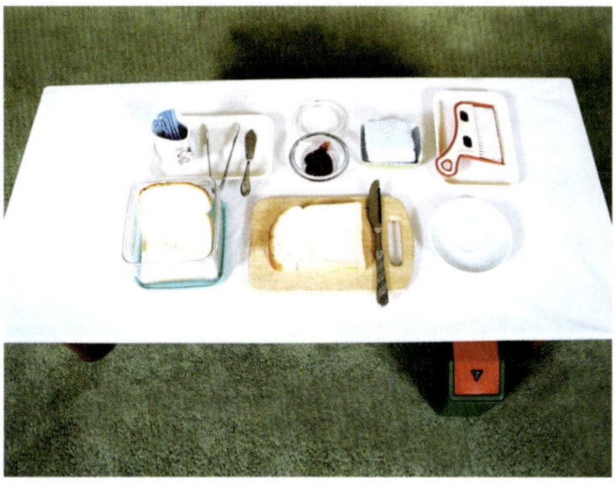

대상연령

30개월 이상

목 적

- 일상생활의 기술을 익힌다.
- 집중력, 협응력, 질서감, 독립심

제시방법

1. 유아를 싱크대로 초대해 활동명을 알려준다.
2. 손을 씻고 간식이 준비된 장소로 간다.
3. 교사는 유아의 오른편에 앉는다.
4. 쟁반에 냅킨 한 장과 숫자만큼의 크래커를 담아 간식 테이블로 온다.
5. 냅킨을 책상 위에 깐다.
6. 잼이 담긴 용기와 칼을 냅킨 오른쪽 위에 놓는다.
7. 크래커를 놓고 칼을 오른손으로 잡는다.
8. 잼을 조금 떠서 크래커 위에 놓고 바른다. 왼손으로 크래커를 잡고 잼을 펴서 바른다.
9. 크래커를 먹는다. 칼과 잼이 담긴 용기를 싱크대에 갖다 둔다.
10. 냅킨은 말아서 휴지통에 버린다.
11. 책상 위에 부스러기가 떨어져 있으면 책상용 쓰레받기와 빗자루를 가져와 쓸어 담아버린다.
12. 교구를 정리한다.

흥 미 점

- 잼을 바르는 것
- 잼의 맛과 냄새

실수의 정정

잼이 너무 많이 발라지는 것을 볼 때

변형 및 응용

- 버터 바르기
- 마요네즈 바르기

감각영역

몬테소리는 유아의 경우 감각적인 탐색을 통해 인지능력을 얻고 이것을 통해 추상적인 개념이 형성된다고 했다. 그러므로 유아에게 감각을 예민하게 훈련시키는 것은 인지능력을 확대시킬 수 있으며 보다 구체적인 지적발달의 기초를 제공할 수 있다고 했다. 감각교구는 실제의 형태를 통해 추상화를 가능하게 한다.

감각교구를 통한 학습은 환경으로부터 흡수한 여러 가지 인상이나 정보를 내적 질서를 통해 개념화시켜 추상화로 이끌어가기 때문에 감각교구의 제시는 지식의 획득보다 유아의 마음에 어떠한 규칙, 질서, 개념을 확립시켜 지능의 발달과 심성의 발달을 돕기 위한 것이다.

- 꼭지원기둥
- 분홍탑
- 빨강 막대
- 갈색계단
- 색원기둥
- 색판
- 기하도형 퍼즐
- 기하입체도형
- 촉각판
- 천 짝짓기
- 비밀상자
- 분류하기
- 소리상자

꼭지원기둥

교 구

- 높이는 일정하나 직경이 감소하는 원기둥
- 높이와 직경 모두 감소하는 원기둥
- 높이는 감소하나 직경은 일정한 원기둥
- 높이는 증가하고 직경이 감소하는 원기둥

대상연령

24~36개월

목 적

- 시각에 의한 크기의 변별력
- 눈과 손의 협응력, 질서감, 집중력, 독립심
- 쓰기를 위한 간접적인 준비, 10진법을 위한 준비

제시방법

제시 1

1. 유아를 초대해 활동명과 교구의 위치를 알려준다.
2. 교사는 유아의 오른쪽에 앉는다.
3. 오른손으로 꼭지원기둥을 한 개씩 꺼낸다.
4. 꺼낸 원기둥을 다시 틀에 끼운다.
5. 유아에게 권유한다.

제시 2

1. 오른손으로 꼭지원기둥을 한 개씩 꺼낸다.
2. 왼손에 꺼낸 원기둥을 잡고 오른손 두 손가락으로 덧그린 후 틀에 끼운다.
3. 나머지 원기둥도 같은 방법으로 한다.

흥 미 점

꼭지원기둥이 틀에 들어가는 것을 보는 것

실수의 정정

- 교사에 의해
- 유아의 시각적 변별력에 의해

변형 및 응용

1. 낱개로 된 꼭지 원기둥

2. 꼭지원기둥 조합

분홍탑

교 구

분홍색으로 통일된 5개의 정육면체로 각 변의 길이가 10cm로부터 1cm씩 감소한다. 제일 큰 정육면체가 가로 세로 높이는 10cm×10cm×10cm이다.

대상연령

30~36개월

목 적

- 시각을 통한 크기의 차이를 안다.
- 눈과 손의 협응력, 질서감, 집중력, 독립심

제시방법

1. 유아를 초대해 활동명과 교구의 위치를 알려준다.
2. 교사는 유아의 오른쪽에 앉는다.
3. 가장 큰 정육면체부터 양손으로 잡고 매트로 운반한다.
4. 가장 큰 정육면체를 골라 위로 쌓는다.
5. 다 쌓으면 아래부터 위까지 양손으로 쓰다듬는다.
6. 유아에게 권유한다.

흥 미 점

- 쌓아 올리는 것
- 정육면체의 크기와 무게가 다른 것을 느끼는 것

변형 및 응용

- 상자 쌓기

- 분홍탑과 카드

빨강 막대

교 구

빨간 색으로 채색된 10개의 나무 막대 중 5개

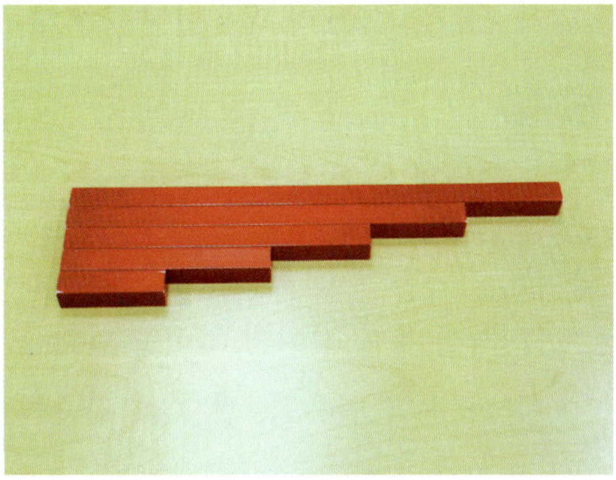

대상연령

24~36개월

목 적

- 시각을 통한 길이의 차이를 안다.
- 눈과 손의 협응력, 질서감, 집중력, 독립심
- 수 교육을 위한 준비

제시방법

1. 유아를 초대해 활동명과 교구의 위치를 알려준다.
2. 교사는 유아의 오른쪽에 앉는다.
3. 가장 짧은 막대부터 양쪽 끝을 잡고 매트로 운반한다.
4. 가장 긴 막대를 골라 매트의 왼쪽 상단에 맞추어 아래로 나열한다.
5. 가장 짧은 막대로 가장 긴 막대 끝부터 차례로 길이의 차이를 재어본다.
6. 유아에게 권유한다.

흥 미 점

막대로 길이를 느껴보는 것

갈색계단

교 구

갈색으로 된 10개의 직육면체 중 5개

대상연령

30~36개월

목 적

- 시각을 통한 길이의 차이를 안다.
- 눈과 손의 협응력, 질서감, 집중력, 독립심

제시방법

1. 유아를 초대해 활동명과 교구의 위치를 알려준다.
2. 교사는 유아의 오른쪽에 앉는다.
3. 가장 가는 직육면체부터 양쪽 끝을 잡고 매트로 운반한다.
4. 가장 굵은 직육면체를 골라 매트의 왼쪽 하단에 맞추어 나열한다.
5. 다 만들어진 계단을 손으로 쓰다듬어 내려온다.
6. 가장 짧은 직육면체부터 가장 긴 직육면체까지 차례대로 굵기의 차이를 재어본다.
7. 유아에게 권유한다.

흥 미 점

- 갈색계단의 모습을 보는 것
- 손으로 쓰다듬어 보는 것

변형 및 응용

① 카드 위에 놓아보는 것

② 갈색계단 쌓아보기

③ 계단 오르고 내리기

④ 분홍탑과 갈색계단 연합

색원기둥

교 구

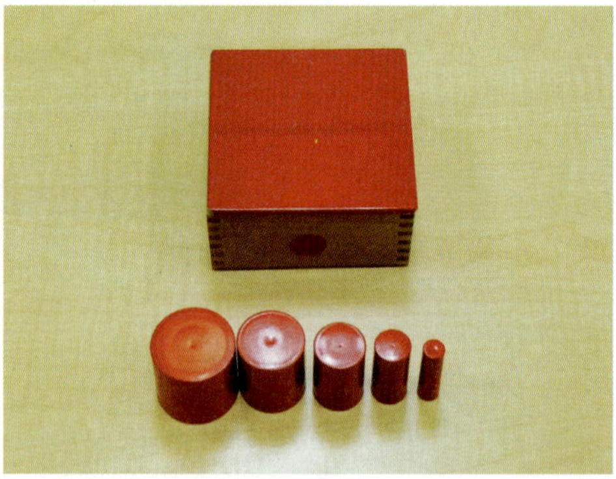

- 높이는 일정하나 직경이 감소하는 원기둥
- 높이와 직경 모두 감소하는 원기둥
- 높이는 감소하나 직경은 일정한 원기둥
- 높이는 증가하고 직경이 감소하는 원기둥

대상연령

24~36개월

목 적

- 시각에 의한 크기의 변별력
- 쓰기 위한 간접적인 준비

제시방법

제시 1 : 수평나열

1. 오른손으로 색원기둥을 한 개씩 꺼낸다.
2. 가장 큰 색원기둥을 찾아 놓는다.
3. 나머지 원기둥을 큰 것부터 작은 원기둥 순으로 나열한다.

제시 2 : 수직나열

1. 오른손으로 색원기둥을 한 개씩 꺼낸다.
2. 가장 큰 색원기둥을 찾아 놓는다.
3. 나머지 원기둥을 큰 것부터 작은 원기둥 순으로 쌓는다.

흥 미 점

크기가 다른 색원기둥을 보는 것

변형 및 응용

꼭지원기둥과 색원기둥

색판

교 구

빨강, 노랑, 파랑의 삼색 색판

대상연령

24개월~

목 적

색깔 변별능력을 발달시킨다.

제시방법

1. 유아를 초대해 활동명과 교구의 위치를 알려준다.
2. 교사는 유아의 오른쪽에 앉는다.
3. 색판 1개를 꺼내 색판 잡는 법을 보여준다. 색판의 흰색 부분을 세 손가락으로 잡고 유아에게 건네준다.
4. 색판을 매트 위에 놓아보게 한다.
5. 그 색판과 같은 색판을 찾아 짝을 지어놓는다.
6. 나머지 색판도 같은 방법으로 한다.
7. 유아에게 권유한다.

흥미점

- 같은 색깔끼리 맞추어 보는 것
- 색의 이름을 아는 것

변형 및 응용

1. 색상자 만들기

각각의 상자에 같은 색의 여러 가지 물체가 들어 있는 색상자

2. 같은 색깔 나는 물건 분류하기

3. 곰 인형 짝짓기

4. 색 애벌레판

- 각각의 색으로 애벌레 모양의 판을 만든다.
- 색상자를 가져온다.
- 판의 색과 같은 색의 물체를 찾아 판 위에 놓는다.

5. 분류하기

6. 소책자 만들기

7. 같은 색깔 짝짓기

기하도형 퍼즐

교 구

나무로 된 퍼즐도형

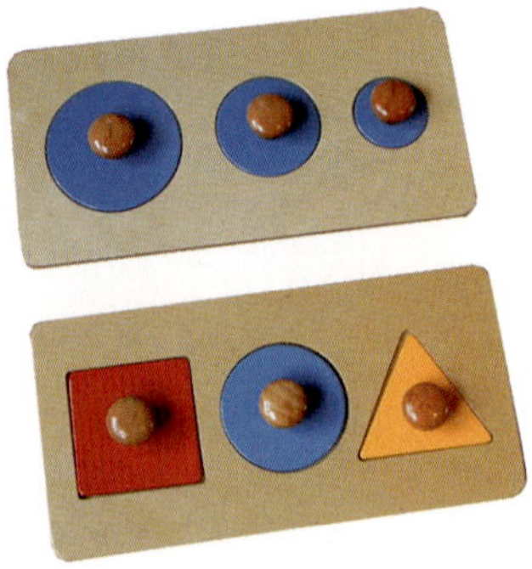

대상연령

24~36개월

목 적

- 여러 가지 평면도형을 시각적, 촉각적으로 변별하는 능력을 기른다.
- 쓰기를 위한 간접적 준비
- 집중력, 독립심, 질서감을 기른다.

제시방법

1. 유아를 초대해 활동명과 교구의 위치를 알려준다.
2. 교사는 유아의 오른쪽에 앉는다.
3. 도형을 틀에서 뺀다.
4. 왼손으로 도형의 꼭지를 잡고 오른손 두 손가락으로 도형의 둘레를 덧그려 본 후 틀에 끼운다.
5. 유아에게 권유한다.

흥미점

- 틀에 맞추어 도형을 끼워보는 것
- 틀과 도형을 손으로 더듬어 보는 것

변형 및 응용

- 도형퍼즐

- 도형책

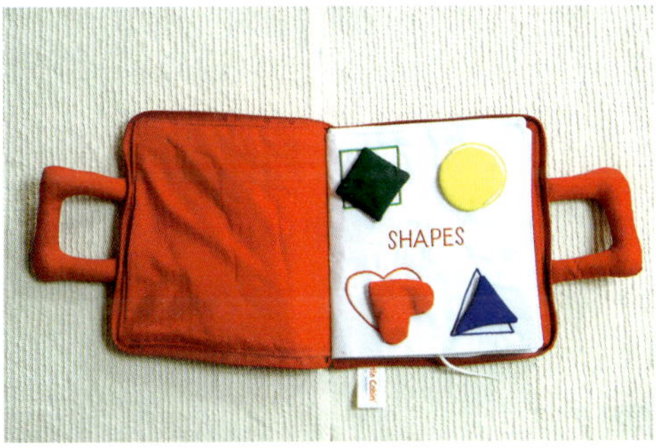

- 도형 끼우기

기하입체도형

교 구

기하입체

대상연령

24~36개월

목 적

형체에 대한 시각적 변별력을 기른다.

제시방법

1. 유아를 초대해 활동명과 교구의 위치를 알려준다.
2. 교사는 유아와 마주 앉는다.
3. 입체 중 한 개를 택해 입체의 면들을 천천히 만져보며 탐색한 후 유아에게 주며 만져보게 한다. 입체의 명칭을 말한다.
4. 다른 입체들도 같은 방법으로 소개한다.

흥 미 점

입체를 만져보는 것

변형 및 응용

- 스펀지 도형

- 같은 모양끼리 변별하기

- 그림과 같은 입체 찾기

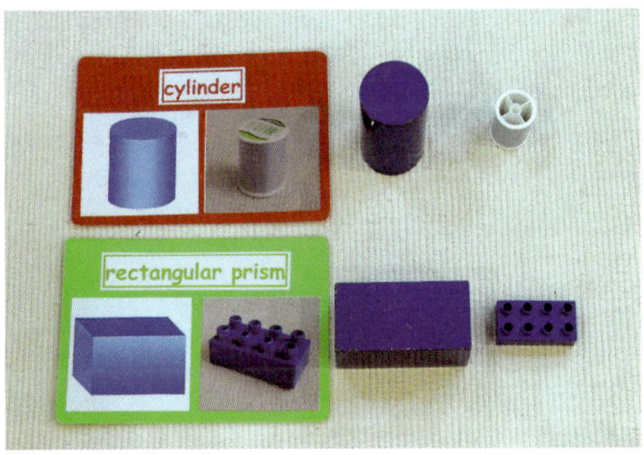

- 입체도형상자 : 같은 도형끼리 모은 상자

촉각판

교 구

면, 실크, 마, 모시 등 여러 종류의 천을 앞, 뒷면이 같도록 주머니 모양으로 만든 것

대상연령

18~24개월

목 적

- 촉감을 민감하게 발달시킨다.
- 집중력, 독립심, 질서감, 협응력을 기른다.

제시방법

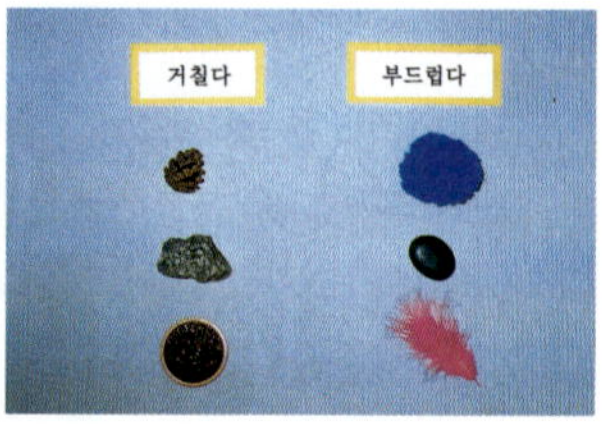

1. 유아를 초대해 활동명과 교구의 위치를 알려준다.
2. 교사는 유아의 맞은편에 앉는다.
3. 두 손으로 천을 잡고 손가락으로 천을 비벼본다.
4. 유아에게 천의 촉감을 느껴보게 한다.

흥 미 점

서로 다른 감촉을 느껴보는 것

변형 및 응용

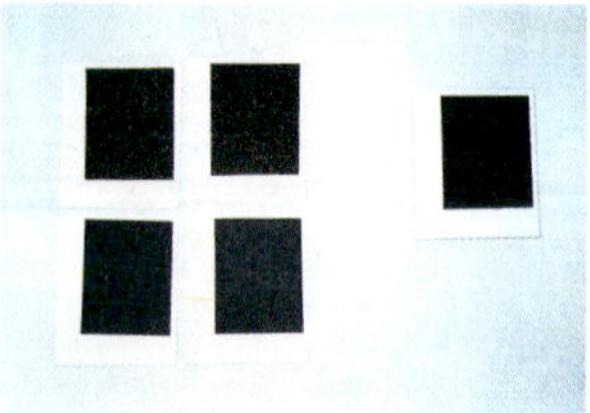

천 짝짓기

교 구

면, 실크, 마, 모시 등 여러 종류의 천을 앞, 뒷면이 같도록 주머니 모양으로 만든 것

대상연령

18~24개월

목 적

- 촉감을 민감하게 발달시킨다.
- 집중력, 독립심, 질서감, 협응력을 기른다.

제시방법

1. 유아를 초대해 활동명과 교구의 위치를 알려준다.
2. 교사는 유아의 맞은편에 앉는다.
3. 두 손으로 천을 잡고 손가락으로 천을 비벼본다.
4. 유아에게 천의 촉감을 느껴보게 한다.

흥 미 점

서로 다른 감촉을 느껴보는 것

변형 및 응용

촉감퍼즐

비밀상자

교 구

물체 6개, 주머니 또는 상자

대상연령

18~24개월

목 적

근육을 통한 추측감을 발달시킨다.

제시방법

1. 유아를 초대해 활동명과 교구의 위치를 알려준다.
2. 교사는 유아의 맞은편에 앉는다.
3. 상자 속에 손을 넣어 물체를 한 가지 고른 다음 상자 안에서 충분히 만져본다.
4. "여기에 무엇이 있는지 느껴 보세요. 이제 상자에서 꺼내 보세요. 무엇인가요?"
5. 꺼낸 물체들을 다시 상자에 한 개씩 넣는다.

흥 미 점

물체, 상자에서 물체를 꺼내 보는 것

변형 및 응용

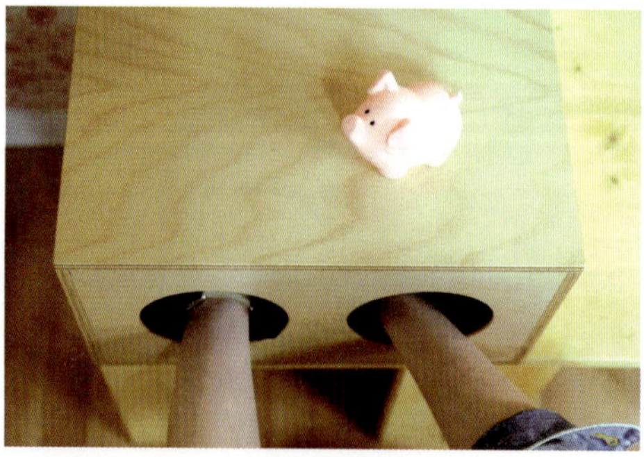

두 팔 사용하기

분류하기

교 구

호두, 밤, 아몬드 등 3가지 다른 종류의 견과류, 3개로 나누어진 바구니

대상연령

18개월

목 적

같은 색이나 모양에 따라 분류하기

제시방법

1. 유아를 초대해 활동명과 교구의 위치를 알려준다.
2. 교사는 유아의 맞은편에 앉는다.
3. 바구니에서 견과류를 한 개씩 꺼내 본 후 유아에게 만져보게 한다.
4. 무엇인지 말한다. "이것은 호두입니다. 호두라고 말해 보겠니?"
5. 같은 방법으로 다른 견과류도 만져보며 모양에 따라 분류한다.

흥 미 점

- 같은 모양으로 분류해 보기
- 같은 색으로 분류해 보기

소리상자

교 구

- 두 개의 나무상자에 각각 4개의 원통
- 파란색과 빨간색 상자에는 서로 같은 소리가 나는 원기둥들이 들어있다.

대상연령

24~36개월

목 적

청각을 발달시킨다.

제시방법

소개

1. 유아를 초대해 활동명과 교구의 위치를 알려준다.
2. 교사는 유아의 오른쪽에 앉는다.
3. 상자에 있는 원기둥을 모두 꺼낸다.
4. 원기둥을 잡고 귀에 가까이 대고 흔들어본다.
5. 나머지 원기둥도 같은 방법으로 소리를 들어본다.

짝짓기

1. 유아를 초대해 활동명과 교구의 위치를 알려준다.
2. 교사는 유아의 오른쪽에 앉는다.
3. 상자에 있는 원기둥을 모두 꺼낸다.
4. 파란색 원기둥과 빨간색 원기둥을 나열한다.
5. 원기둥을 잡고 귀에 가까이 대고 흔들어본다.
6. 유아에게 흔들어보게 한다.
7. 같은 소리가 나는 원기둥을 찾아 짝을 짓는다.

흥 미 점

원기둥에서 나는 소리

실수의 정정

- 교사
- 유아

변형 및 응용

소리 딸랑이

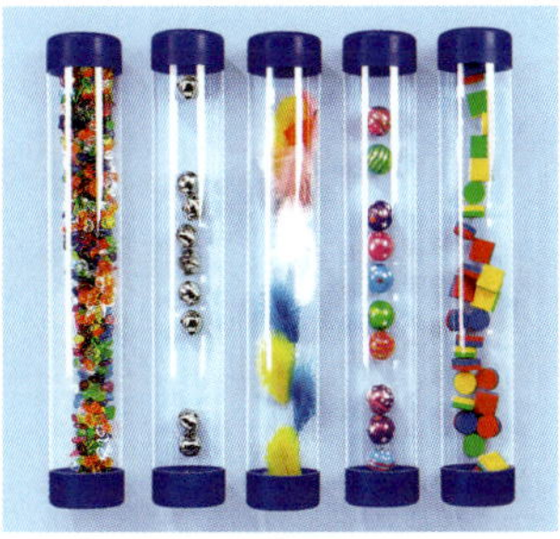

소리 튜브

수영역

유아를 주의 깊게 관찰해 보면 그들의 주변 환경은 수와 수학적 개념에 둘러싸여 있음을 알게 된다. 또한 그들은 질서와 정확성에 대한 강한 잠재력을 가지고 있음을 알게 된다.

이것을 "수학적 정신"이라고 하는데 17C 프랑스 철학자며 수학자인 파스칼은 "인간은 수학적 정신을 가지고 태어난다."라고 했다. 수학이란 개념을 구성하고 논리적 체계로 계통을 세운 것이다. 수학은 모든 아동의 수량에 관한 능력을 신장하고 이것을 실제생활에 적용하여 보다 나은 생활을 창조하게 하는 것이다.

출생부터 유아는 많은 수 개념을 접하게 된다.

6~8개월 때 물체를 보여주고 없애면 곧 다른 것을 찾는다.

12개월 때 물체를 보여주고 없애면 그 물체를 찾으려 한다.

이러한 물체인식 또는 물체 보존성(Object permanence)은 유아가 사물의 시각적 인상을 기억할 수 있는 또는 유아의 시각으로부터 사물을 치운 후 기억할 수 있는 특별한 시간을 말한다.

물체인식과 함께 유아는 크다/작다, 길다/짧다, 무겁다/가볍다 등의 개념을 탐색하기 시작한다.

유아가 어떻게 수학을 배우는가는 많은 학자들에 의해 연구되어져 왔다.

2~6세의 유아들은 추상적 개념의 이해는 어렵다. 예를 들어 찰흙을 밀어 어느 것이 큰지 실험을 해보면 오른편 것이 크다고 한다.

우리는 사고력을 필요로 하는 경험적 기회를 제공함으로써 사고의 가능성을 기를 수 있도록 제공해 주어야 한다.

몬테소리는 수학교육론에 있어 감각적 접근을 취하여 유아의 발달단계에 맞는 구체적이고 감각적인 교수법을 고안했다.

즉 실생활에 관련지어 논리적, 수학적 사고를 위한 환경을 제공하는 것이다. 수학교육은 일상생활에서 사고활동을 요하는 여러 가지 상황을 제공하여 유아가 사고할 수 있는 능력을 기를 수 있게 커다란 목표를 두고 있는데 이를 세부적으로 보면 다음과 같다.

- 구별하는 능력
- 물질의 유사성을 분별하는 힘
- 관련성을 보는 힘
- 질서의 형성
- 정확성
- 추리하는 능력을 기른다.

1 비교하기

- 비어있다/차있다
- 길다/짧다
- 크다/작다
- 높다/낮다

2 대응하기

- 1 : 1 대응
- 짝짓기

3 질서

4 세기

- 수 막대
- 모래숫자
- 수 막대와 수 카드
- 숫자와 단추

5 1부터 5까지 수 세기 교구들

비교하기

비어있다 / 차있다

제시 1

교구 콩이 가득 차 있는 병 2개, 빈병 2개, 바구니

1. 콩이 가득 차 있는 병을 들어 "이 병은 가득 차있습니다."
2. 병을 매트 위에 놓는다.
3. 빈병을 들어 보이며 "이 병은 비었습니다."라고 말한다.
4. 빈병을 콩이 가득 찬 병 옆에 놓는다.
5. 나머지 병을 같은 병끼리 분류해서 놓는다.
6. 교구를 바구니에 넣은 후 제자리에 놓는다.

제시 2

교구 병, 카드, 바구니

1. 콩이 가득 차 있는 병을 들어 "이 병은 가득 차있습니다."
2. 병을 매트 위에 놓는다.
3. 빈병을 들어 보이며 "이 병은 비었습니다."라고 말한다.
4. 빈병을 콩이 가득 찬 병 옆에 놓는다.
5. 병이 그려져 있으며 '카드에 가득 차있다' 라고 써있는 카드와 빈병이 그려져 있으

며 '비어있다' 라고 써있는 카드를 한 장씩 보여주며 병과 그림 카드를 짝짓는다.
6. 나머지 카드를 나열한 후 분류한다.

길다 / 짧다

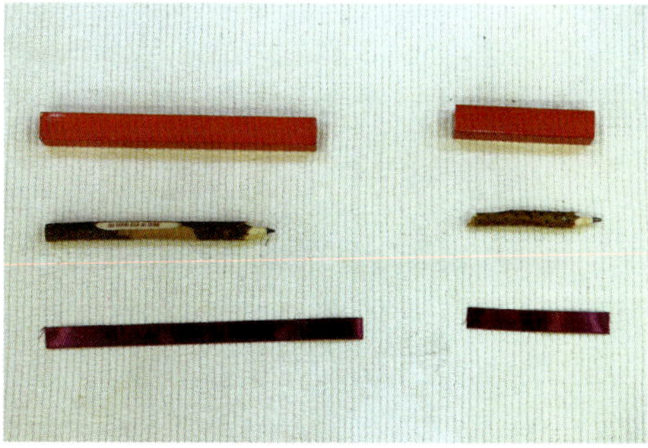

제시 1

교구
- 길이가 긴 색연필 / 길이가 짧은 색연필, 길이가 긴 자 / 길이가 짧은 자
- 길이가 긴 막대 / 길이가 짧은 막대, 바구니

1. 길이가 긴 색연필을 들어 "이 색연필은 깁니다."
2. 색연필을 매트 위에 놓는다.
3. 길이가 짧은 색연필을 보이며 "이 색연필은 짧습니다." 라고 말한다.
4. 길이가 짧은 색연필을 긴 색연필 옆에 놓는다.
5. 나머지도 긴 것과 짧은 것을 분류해서 놓는다.
6. 교구를 바구니에 넣은 후 제자리에 놓는다.

제시 2

교구 구체물, 카드, 바구니

1. 길이가 긴 색연필을 들어 "이 색연필은 깁니다."
2. 색연필을 매트 위에 놓는다.
3. 길이가 짧은 색연필을 보이며 "이 색연필은 짧습니다." 라고 말한다.

4. 길이가 짧은 색연필을 긴 색연필 옆에 놓는다.
5. 카드를 구체물 앞에 놓는다.
6. 나머지 카드를 나열한 후 분류한다.

크다 / 작다

제시 1

교구 모양은 같고 크기와 색이 다른 도형 5세트, 바구니

1. 원을 들어 "이 원은 큽니다."
2. 원을 매트 위에 놓는다.
3. 작은 원을 들어 "이 원은 작습니다."
4, 작은 원을 큰 원 옆에 놓는다.
5. 나머지도 큰 것과 작은 것을 분류해서 놓는다.
6. 교구를 바구니에 넣은 후 제자리에 놓는다.

제시 2

교구 구체물, 카드, 바구니

1. 원을 들어 "이 원은 큽니다."
2. 원을 매트 위에 놓는다.
3. 작은 원을 들어 "이 원은 작습니다."

4. 작은 원을 큰 원 옆에 놓는다.
5. 카드를 구체물 앞에 놓는다.
6. 나머지 카드도 큰 것과 작은 것을 분류해서 놓는다.

높다 / 낮다

제시 1

교구
- 높이가 높은 나무, 낮은 나무
- 높이가 높은 사다리, 낮은 사다리
- 높이가 높은 의자, 낮은 의자
- 높이가 높은 건물, 낮은 건물, 바구니

1. 높이가 높은 나무를 보여주며 "이 나무는 높습니다."
2. 나무를 매트 위에 놓는다.
3. 높이가 낮은 나무를 보이며 "이 나무는 낮습니다."라고 말한다.
4. 높이가 낮은 나무를 높은 나무 옆에 놓는다.
5. 나머지도 높은 것과 낮은 것을 분류해서 놓는다.
6. 교구를 바구니에 넣은 후 제자리에 놓는다.

제시 2

교구 구체물, 카드, 바구니

1. 높이가 높은 나무를 보여주며 "이 나무는 높습니다."
2. 나무를 매트 위에 놓는다.
3. 높이가 낮은 나무를 보이며 "이 나무는 낮습니다."라고 말한다.
4. 높이가 낮은 나무를 높은 나무 옆에 놓는다.
5. 카드를 구체물 앞에 놓는다.
6. 나머지 카드도 높은 것과 낮은 것을 분류해서 놓는다.

대응하기

1:1 대응

제시 1

교구 달걀 5개, 병아리 5마리

1. 달걀을 한 개씩 놓는다.
2. 달걀 한 개에 병아리 한 마리씩 짝짓는다.
   "달걀과 병아리의 수가 꼭 맞았습니다."

제시 2

교구 옷걸이와 셔츠 그림카드

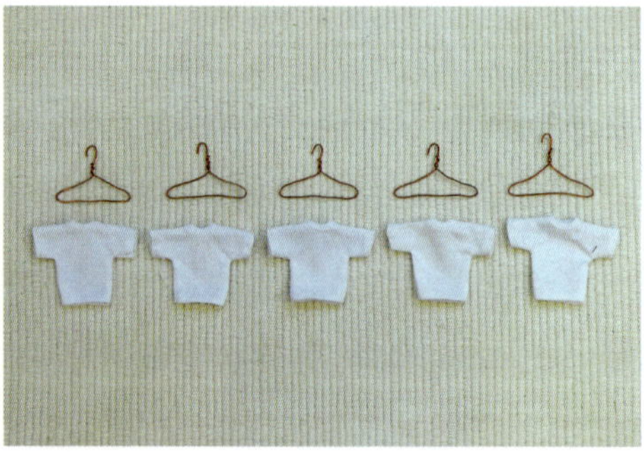

1. 셔츠 그림카드를 한 장씩 나열한다.
2. 셔츠 그림과 옷걸이 카드를 짝짓는다.
   "셔츠와 옷걸이의 수가 딱 맞습니다."

짝짓기

제시 1

교구 양말

1. 양말을 한 짝씩 나누어 준다.
2. 짝이 되는 양말을 찾아 짝짓는다.
3. 나머지 양말도 짝짓는다.

제시 2

교구 소녀와 장갑 카드

1. 소녀가 그려진 카드를 먼저 놓는다.
2. 장갑 카드를 나열한 후 짝을 짓는다.

질서

제시 1

교구 병 4개, 파란색 색연필 1자루, 빨간색 색연필 3자루, 주황색 색연필 6자루, 노란색 색연필 9자루, 바구니

1. 파란색 색연필 1자루가 든 병을 보여주며 조금 더 많이 들어있는 병과 비교한다. "이 병에는 색연필이 조금 들어있습니다. 이 병에는 색연필이 조금 더 들어있습니다. 이 병에는 색연필이 많이 들어있습니다."
2. 가장 적게 들어있는 병부터 가장 많이 들어있는 병을 순서대로 놓는다.
3. 가장 많이 들어있는 병은 어느 것인가요?
4. 가장 많이 적게 들어있는 병은 어느 것인가요?

제시 2

교구 순서 카드

1. "우리가 아침에 일어나면 가장 먼저 무엇을 하지요? 세수해요."
2. "그 다음에는 옷을 입지요? 그 다음에는 아침을 먹어요."
3. 카드를 보여주며 "이 카드는 무엇을 하는 그림인가요?"
4. 순서대로 카드를 놓는다.

세기

수 막대

교 구

- 길이가 증가하는 5개의 나무막대, 매트
- 각 막대는 매 10cm마다 빨간색과 파란색이 교대로 칠해져 있다.

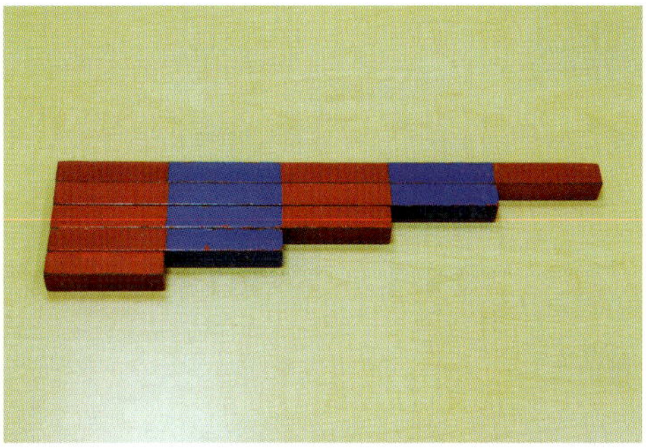

목 적

- 1~5까지 수의 양과 명칭을 익힌다.
- 1~10까지 수의 양과 명칭을 익힌다.

흥 미 점

- 수 막대로 계단을 만들어 보는 것
- 손으로 짚으며 수를 세는 것

제시방법

1. 매트를 펴고 긴 막대 (5)부터 짧은 막대 (1)을 나열한다.
2. 교사는 1의 막대를 들고 "이것은 1의 막대입니다."
   1의 막대를 매트에 놓고 막대를 덧그려 본 후 유아에게 권유한다.
3. 교사는 2의 막대를 들고 "이것은 2의 막대입니다."
   2의 막대를 매트에 놓고 막대를 덧그리며 1, 2라고 세어본 후 유아에게 권유한다.
4. 교사는 3의 막대를 들고 "이것은 3의 막대입니다."
   3의 막대를 매트에 놓고 막대를 덧그리며 1, 2, 3하고 세어본 후 유아에게 권유한다.

※ 수 막대의 수를 점차적으로 늘려간다

모래숫자

교 구

초록색 바탕의 직사각형 나무판에 1~5까지 모래종이로 된 숫자 카드

목 적

- 1~5까지의 숫자를 촉각, 시각, 청각, 근육 감각적 기억에 의해 익힌다.
- 1~5까지의 소개되는 양에 대한 상징(숫자)을 익힌다.

흥 미 점

- 모래숫자를 따라 덧그려 보는 것
- 모래숫자의 촉감을 느껴보는 것
- 숫자의 이름을 배우는 것

제시방법

1. 1의 숫자판을 꺼내 왼손으로 누르고 오른손 두 손가락으로 숫자를 천천히 3회 써 본 후 유아에게 권유한다.
2. 쓰고 난 숫자판은 매트 왼쪽 위에 놓는다.
3. 2의 숫자판을 집어 제시 1과 같은 방법으로 제시한다.
4. 3단계 교수법으로 명칭을 익힌다.
   "이것은 1입니다. 이것은 2입니다."
   "1을 가리켜 보세요, 2를 가리켜 보세요."
   "이것은 무엇입니까, 이것은 무엇입니까?

변형 및 응용

소책자 만들기

수 막대와 수 카드

교 구

수 막대, 수 카드

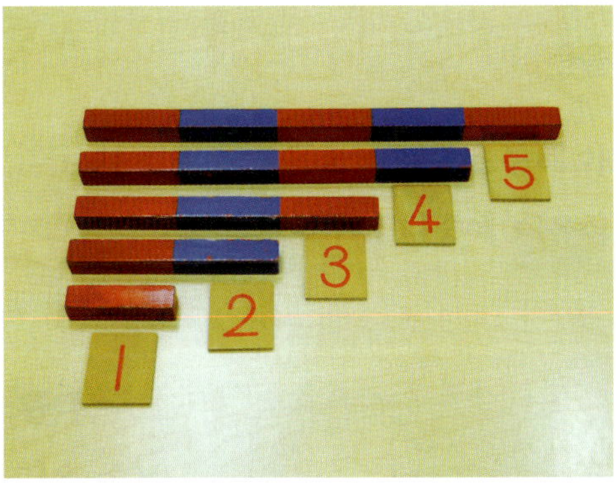

목 적

- 1~5까지 수의 양과 수를 연합시킨다.
- 1~5까지 수의 순서를 인식시킨다.

흥미점

- 수 막대로 계단을 만들어보는 것
- 손으로 짚으며 수를 세는 것

제시방법

1. 수 막대를 무작위로 매트 위에 놓는다.
2. 수 막대를 나열한다.
3. 수 카드를 꺼내 읽으면서 매트 위에 놓는다.
4. 수 막대와 해당되는 숫자 카드를 짝짓는다.
5. "이것은 1의 수 막대입니다."
   수 카드 1을 찾아 수 막대 옆에 놓는다.
6. 1 ~5까지 같은 방법으로 수 막대와 수 카드를 짝짓는다.

변형 및 응용

소책자 만들기

숫자와 단추

교 구

- 동전보다 더 큰 크기의 원모양 단추나 바둑알, 숫자가 쓰인 판
- 1~5까지 숫자

목 적

- 1~5까지 양과 숫자의 개념
- 1~5까지 숫자를 나열하는 법을 배운다.

흥 미 점

- 바둑알
- 숫자를 놓아보는 것

제시방법

1. 숫자판을 유아 앞에 놓는다.
2. 해당되는 숫자를 숫자판 위에 놓는다.
3. 단추를 숫자만큼 놓는다.

변형 및 응용

숫자 꽂기

1부터 5까지 수 세기 교구들

블록 세기

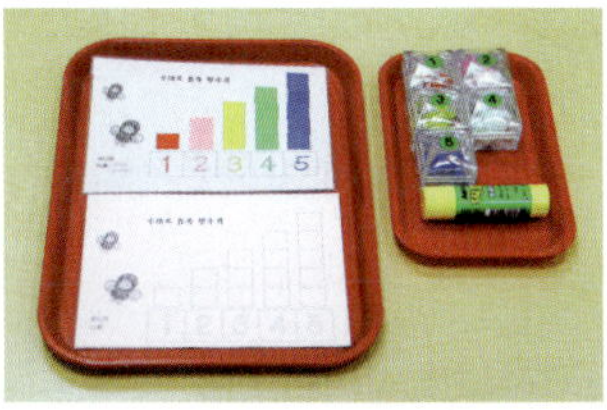

언어영역

언어는 일상생활에서 사용되는 의사소통의 수단이며 인간은 언어를 통해서 자신이 속한 사회문화를 내면화하며 일상생활에 필요한 모국어를 습득하고 이해하여 자연스럽게 사용할 수 있는 능력을 기른다.

구두의 어휘력과 표현력을 기르며 글자인식을 위한 시각적 변별력과 쓰기를 위한 신체적인 능력을 기른다.

타인의 말을 주의 깊게 듣고 올바르게 이해할 수 있는 능력을 기른다.

- 물체와 물체 짝 맞추기
- 물체와 그림 짝 맞추기
- 그림과 그림 짝짓기
- 물체와 그림자 짝 맞추기
- 조각 그림 맞추기
- 패턴에 맞추어 구슬 끼우기
- 책 보기
- 동화 듣기
- 동물농장
- 물체의 명칭 말하기
- 그림의 명칭 말하기
- 모래글자
- 물체상자와 모래글자
- 글자 짝 맞추기

물체와 물체 짝 맞추기

교 구

동물 또는 과일 모형 4~6쌍, 바구니 2개

대상연령

24~36개월

목 적

- 시각적 변별력, 어휘력 발달
- 읽기와 쓰기의 간접적 준비

제시방법

1. 유아를 초대해 활동명과 교구의 위치를 알려준다.
2. 교사는 유아의 오른쪽에 앉는다.
3. 바구니를 꺼내 매트 위에 놓는다.
4. 바구니에서 물체를 한 개씩 꺼내 왼쪽에서 오른쪽으로 나열한다.
5. 오른쪽 바구니에서 물체를 한 개 꺼내 위에 나열하고 같은 물체를 찾아 짝을 지으며 물체의 명칭을 말한다.
6. 나머지 물체도 같은 방법으로 한다.
7. 다시 섞어놓고 유아에게 권유한다.

흥 미 점

- 같은 모양의 물체를 보는 것
- 물체를 만져보는 것
- 물체의 이름을 아는 것

변형 및 응용

- 여러 가지 종류의 물체
- 바구니 대신 비밀주머니를 사용한다.

물체와 그림 짝 맞추기

교 구

- 동물 또는 과일 모형 4~6개
- 물체와 같은 그림이나 사진
- 바구니 2개

대상연령

24~36개월

목 적

- 시각적 변별력, 어휘력 발달
- 읽기와 쓰기의 간접적 준비

제시방법

1. 유아를 초대해 활동명과 교구의 위치를 알려 준다.
2. 교사는 유아의 오른쪽에 앉는다.
3. 바구니를 꺼내 매트 위에 놓는다.
4. 그림카드를 꺼내 왼쪽에서 오른쪽으로 나열한다.
5. 바구니에서 물체를 한 개씩 꺼내 물체와 같은 그림을 찾아 짝짓는다.
6. 물체의 명칭을 말한다.
8. 물체를 다시 섞어놓고 유아에게 권유한다.

흥 미 점

- 물체를 만져보는 것
- 물체와 그림을 짝짓는 것
- 물체의 이름을 아는 것

변형 및 응용

- 여러 가지 종류의 물체
- 바구니 대신 비밀주머니를 사용한다.

그림과 그림 짝짓기

교 구

카드 세트

대상연령

24~36개월

목 적

- 시각적 변별력, 어휘력 발달
- 읽기와 쓰기의 간접적 준비

제시방법

1. 유아를 초대해 활동명과 교구의 위치를 알려준다.
2. 교사는 유아의 오른쪽에 앉는다.
3. 바구니를 꺼내 매트에 놓는다.
4. 바구니에서 카드를 한 장씩 꺼내 왼쪽에서 오른쪽으로 나열한다.
5. 오른쪽 바구니에서 카드를 한 장 꺼내 위에 나열하고 카드와 같은 그림을 찾아 짝을 지으며 카드의 명칭을 말한다.
6. 나머지 카드도 같은 방법으로 한다.

흥 미 점

- 같은 모양의 카드를 보는 것
- 그림의 단어를 아는 것

변형 및 응용

여러 가지 종류의 그림카드

물체와 그림자 짝 맞추기

교 구

- 물체, 물체의 흑백 카드
- 바구니 2개, 쟁반

대상연령

24~36개월

목 적

- 시각적 변별력, 어휘력 발달
- 읽기의 간접적 준비

제시방법

1. 유아를 초대해 활동명과 교구의 위치를 알려 준다.
2. 교사는 유아의 오른쪽에 앉는다.
3. 바구니를 꺼내 매트 위에 놓는다.
4. 바구니에서 흑백 그림 한 장씩 꺼내 나열한다.
5. 물체를 꺼내 같은 그림을 찾아 짝짓는다.

흥 미 점

그림카드와 그림자를 짝짓는 것

실수의 정정

- 교사에 의해
- 유아의 시각적 변별력에 의해

변형 및 응용

한 가지 색의 물체와 그림자 카드

조각 그림 맞추기

교 구

2조각으로 나누어진 그림카드 3세트

대상연령

24개월~

목 적

- 조각 그림을 맞춘다.
- 시각적 변별력을 기른다.
- 집중력, 독립심, 질서감, 협응력 발달

제시방법

1. 유아를 초대해 활동명과 교구의 위치를 알려준다.
2. 교사는 유아의 오른쪽에 앉는다.
3. 조각 카드를 꺼내 매트에 나열한다.
4. 바구니를 옆으로 치운다.
5. 한 세트의 조각 카드를 붙였다 떼었다 한다.
6. 다음 조각들도 같은 방법으로 맞춘다.
7. 유아에게 권유한다.

흥 미 점

조각의 그림을 보는 것, 조각이 맞추어지는 것을 보는 것

변형 및 응용

- 개/강아지, 소/송아지, 말/망아지 등 어미와 새끼 짝 맞추기
- 조각의 수를 늘린다.
- 견학을 가서 실제 어미와 새끼를 본다.
- 언어명칭 연습
- 소책자 만들기

패턴에 맞추어 구슬 끼우기

교 구

구슬, 패턴 카드

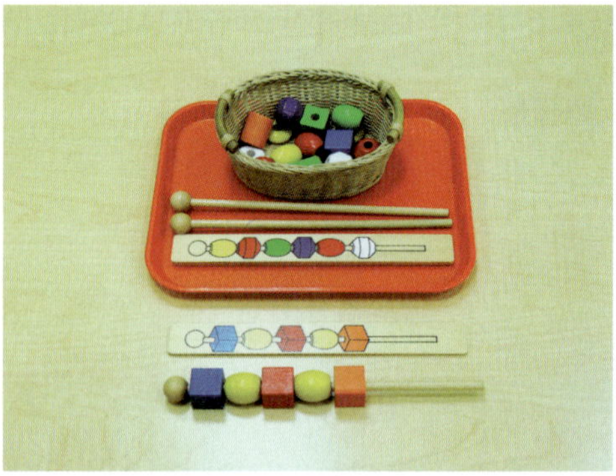

대상연령

24개월~

목 적

- 패턴을 통한 인식을 통해 글자 또는 상징에 대한 시각적 지각능력을 기른다.
- 읽기와 쓰기의 준비

제시방법

1. 유아를 초대해 활동명과 교구의 위치를 알려준다.
   "이것은 패턴에 맞춰서 하는 구슬 끼우기입니다."
2. 패턴을 놓는다.
3. 패턴의 구슬과 같은 것을 찾아 한 개씩 끼운다.
4. 다 끼운 후 패턴에 맞는지 확인한다.
5. 구슬을 빼서 바구니에 넣는다.

흥 미 점

- 패턴의 다양한 형태가 만들어지는 것을 보는 것
- 구슬

변형 및 응용

책 보기

교 구

흥미롭고 사실적인 그림이 있는 질이 좋은 책들

대상연령

9개월부터 시작하여 주변의 소리를 인식할 때

목 적

어휘력 향상과 글자를 통한 의사소통방법을 소개한다.

제시방법

- 책은 단순한 것을 소개한다.
- 책장을 넘길 때 매우 천천히 책 속의 그림에 대해 설명해 준다.
- 책 속의 사물과 그림을 실제로 짝지어 보는 것도 좋다.

흥 미 점

그림과 단어 듣기

동화 듣기

교 구

동화책

대상연령

18개월~

목 적

- 듣기능력을 발달시킨다.
- 정서발달과 집중력을 발달시킨다.

흥 미 점

책의 내용을 듣는 것

변형 및 응용

음악 듣기

동물농장

교 구

동물농장과 동물들

대상연령

30개월~

목 적

어휘력 발달

제시방법

- 동물들을 하나씩 꺼낸다.
- 같은 동물끼리 짝지어 보기도 하고 동물의 명칭을 익힌다.

물체의 명칭 말하기

교 구

여러 가지 그림세트
(악기, 가전제품 그림세트 등)

대상연령

24~27개월

목 적

- 구두의 어휘력을 기른다.
- 집중력과 근육을 발달시킨다.

제시방법

1. 유아를 초대해 활동명과 교구의 위치를 알려준다.
2. 교사는 유아의 맞은편에 앉는다.
3. 바구니에서 물체를 꺼내면서 물체의 명칭을 말한다.
   "이것은 ______입니다."
4. 유아에게 물체를 자세히 보게 한 후 명칭을 말해 보게 한다.
5. 다른 물체도 같은 방법으로 명칭을 말하고 매트 위에 나열한다.
6. 3단계 교수법으로 명칭을 익힌다.

흥 미 점

- 여러 가지 물체를 보는 것
- 새로운 어휘를 익히는 것

변형 및 응용

- 여러 가지 종류의 물체
- 물체의 수를 늘린다.

그림의 명칭 말하기

교 구

여러 가지 그림세트
(악기, 과일 그림 등)

대상연령

24~27개월

목 적

- 구두의 어휘력을 기른다.
- 집중력과 근육을 발달시킨다.

제시방법

1. 유아를 초대해 활동명과 교구의 위치를 알려준다.
2. 교사는 유아의 맞은편에 앉는다.
3. 바구니에서 물체를 꺼내면서 한 장씩 그림의 명칭을 말한다.
   "이것은 ______입니다."
4. 유아에게 그림을 자세히 보게 한 후 명칭을 말해 보게 한다.
5. 다른 그림도 같은 방법으로 명칭을 말하고 매트 위에 나열한다.
6. 3단계 교수법으로 명칭을 익힌다.

흥 미 점

- 여러 가지 그림카드를 보는 것
- 새로운 어휘를 익히는 것

변형 및 응용

- 여러 가지 종류의 카드
- 카드의 수를 늘린다.

모래글자

교 구

ㄱ~ㅎ까지 자음, 모음 판

대상연령

27~33개월

목 적

- 글자의 시각적, 촉각적, 근육감각적
- 글자는 고유의 소리를 갖는다는 것을 안다.

제시방법

1. 유아를 초대해 활동명과 교구의 위치를 알려준다.
2. 활동에 들어가기 전에 손을 씻는다.
3. 모래글자판을 2개 정도 꺼낸다.
4. 왼손으로 글자판을 누르고 오른손 세 손가락으로 모래글자를 덧그린다.
   "이것은 'ㄱ' 소리가 납니다. ㄱ–ㄱ–ㄱ"

흥 미 점

소리를 탐색해 보는 것

변형 및 응용

- 소책자 만들기
- 소책자에 사포글자를 붙인다.

물체상자와 모래글자

교 구

ㄱ~ㅎ까지 각각의 상자에 자음과 물체의 모형이 담겨있는 상자

대상연령

27~33개월

목 적

'ㄱ' 부터 'ㅎ' 까지의 소리 탐색

제시방법

1. 유아를 초대해 활동명과 교구의 위치를 알려준다.
2. 교사는 유아의 오른편에 앉는다.
3. 상자에서 서랍을 1개 꺼낸다.
4. 서랍 속에 있는 자음글자를 보여주며 소리를 들려준다.
5. 물체를 한 개씩 꺼내면서 이름을 말한다.
6. "여기에 있는 물건들은 '그' 로 시작하는 이름을 가졌어요."
   "그 그... 가위, 그 그...강아지, 그 그... 거미."
7. 유아도 교사를 따라 시작하고 물체의 이름을 말해 본다.

흥 미 점

- 소리를 탐색해 보는 것
- 물체의 모양

변형 및 응용

- 그림카드 사용하기
- 소책자 만들기

글자 짝 맞추기

교 구

- 자음과 모음 글자
- 자음과 모음의 글자가 쓰인 판

대상연령

33~36개월

목 적

- 시각적 변별력의 발달
- 읽기와 쓰기에 대한 준비

제시방법

1. 유아를 초대해 활동명과 교구의 위치를 알려준다.
2. 교사는 유아의 오른편에 앉는다.
3. 글자판을 꺼내어 매트 왼쪽에 놓는다.
4. 글자모양을 꺼내어 매트의 오른쪽에 나열한다.
5. 글자카드 위에 글자모양을 찾아 짝짓기 한다.

흥 미 점

- 글자모양
- 같은 글자를 찾는 것
- 글자 모양과 카드의 글자모양이 같은 것

변형 및 응용

- 자음과 모음 글자의 테두리만 있는 투명글자판
- 자음과 모음의 글자가 쓰인 판

대근육활동

1 교육목표

대근육활동은 정신 뇌신체 활동(MBPA : Mind and Brain Physical Activity)을 원활히 수행해 낼 수 있다. 즉, 정신이 뇌를 통해 추구하고 있는 신체활동의 원활한 수행과 신체가 정보를 뇌에 전달해 뇌가 정확히 정신요소를 만들어내는 기능을 기를 수 있다.

기구를 사용한 활동을 통해 성취감의 극대화를 맛볼 수 있으며, 뇌의 기능 향상을 효과적으로 기대할 수 있다. 또한 모두가 함께 즐거워하며 즐거움을 공감할 수 있다. 또한 다양한 정서적 반응을 통해 정서의 다양한 발달을 기대할 수 있으며 인지의 다양한 작용을 통해 인지적 발달을 효과적으로 기대할 수 있다. 다른 유아의 활동을 응원하면서 격려하는 것을 배우고, 다른 유아들의 응원 속에서 다른 사람들의 성원에 감사하는 마음을 지니게 된다.

유아의 신체적 발달, 인지적 발달, 정서적 발달, 사회적 발달, 언어적 발달에 적합하게 지도하고 MBPA(Mind and Brain Physical Activity)발달에 적합하게 지도한다.

2 교육환경

많이 뛰고 다양하게 활동하므로 누울 수 있으면서도 충격을 흡수할 수 있는 바닥(매트 등)이 필요하다.

실외공간도 괜찮지만 유아의 주위집중을 기대할 수 있는 실내공간이 적합하다.

산책하기(걷기)

정원이나 걷기 쉬운 산책로

아이들은 일직선으로 쭉 걷는 것이 아니라 여기저기 보면서 만지고 느끼면서 걷기 때문에 천천히 많은 곳을 걸을 수 있다.

걸으면서 많은 것을 경험할 수 있도록 또한 많은 것을 관찰할 수 있도록 한다.

선따라 걷기

5 Cm 정도 테이프를 직선으로 바닥에 붙인다.

- 직선을 그어놓고 천천히 걷는 연습을 한다.
- 교사는 천천히 집중해서 걷는 법을 보여준다.

밀기

- 손잡이를 잡고 천천히 민다.
- 수레 안에 인형이나 다른 사물을 넣을 수도 있다.

매트를 이용한 활동

- 매트 위에서 걸어보기
- 매트에서 뛰뛰기 해보기
- 매트에서 달려보기
- 매트에서 엎드려 보기
- 매트에서 기어보기
- 매트에서 누워보기
- 매트에서 엎드려 손바닥으로 쳐보기
- 매트에서 무릎으로 걷기
- 매트에서 반복해서 콩콩 뛰어보기
- 매트에서 여러 가지 다리 모양 해보기
- 매트 위에서 박수치며 뛰어보기
- 오른쪽으로 옆 구르기
- 왼쪽으로 옆 구르기
- 빨리 옆 구르기
- 느리게 옆 구르기
- 옆 구르기 게임–누가 빨리 굴러가나.
- 앞구르기
- 매트에 누워있고 선생님이 매트를 들어 굴려주기

평균대

- 바닥에서 2.5~5cm 정도의 높이에 약 14cm 정도 넓이의 평균대
- 평균대 넘어갔다 돌아가기
- 평균대에서 한발은 올리고, 한발은 땅을 짚고, 한발로 평균대를 밟으며 나아가기
- 위의 프로그램을 발만 바꾸어서 해보기
- 평균대로 올라가기를 반복하며 나아가기
- 평균대 – 위에서 한발씩 옮기기
  – 앞발 옮기고 뒷발 옮기기
- 평균대 위에서 앞으로 걷기
- 평균대 중간에 세워져 있는 훌라후프 빠져나가기
- 평균대 위에 놓여있는 여러 가지 장애물 통과하기
- 평균대 위에서 옆으로 걷기
- 옆으로 걷다가 표시된 곳에서부터 앞으로 가기
- 평균대 2개를 연결해 놓고 지나가기
- 평균대 3개를 연결해 놓고 지나가기
- 평균대 2개를 L자 모양으로 놓고 지나가기
- 평균대 3개를 T자 모양으로 놓고 지나가기
- 평균대 4개를 W자 모양으로 놓고 지나가기

유니바

- 유니바 한 개 앞으로 넘기
- 유니바 한 개씩 늘어놓고 앞으로 넘기

- 유니바 앞으로 밟고 지나가기
- 유니바 옆으로 밟고 지나가기

공놀이

탱탱볼(고무로 만들어진 색깔이 있는 공)로 하는 공놀이

- 공(탱탱볼) 만지기
- 공을 얼굴에 비벼보기
- 공을 배에 쳐보기
- 공을 배꼽에 비벼보기
- 공을 엉덩이에 비벼보기
- 공을 다리로 쳐보기
- 공을 발가락으로 비벼보기
- 앉아서 공을 손바닥으로 쳐보기
- 공을 머리에 얹어보기
- 누워서 공을 배 위에 얹기
- 앉아서 공을 말 타기
- 앉아서 발을 비스듬히 들고 발부터 공을 굴려보기
- 손을 비스듬히 들고 손부터 공을 굴려보기

공으로 하는 유아 기본 신체놀이

- 공 얼음(공을 가슴에 안으면서 공을 움직이지 않게 하는 것)
- 공을 위로 들기
- 공을 앞으로 들기
- 공을 옆으로 들기
- 공을 뒤로 들기
- 공을 한손으로 들기
- 양손으로 공을 두 개 들어보기
- 공을 위로 들었다 내리기

공굴리기

- 앉아서 굴리기
- 서서 굴리기
- 공을 앞으로 굴리기
- 오른쪽으로 굴리기
- 왼쪽으로 굴리기
- 엉덩이를 들고 다리 사이로 해서 뒤로 굴리기
- 공을 세게 굴리기
- 공을 느리게 굴리기
- 공을 돌리면서 굴러가게 해보기
- 공을 발로 다양하게 굴려보기
- 각 손가락으로 공을 다양하게 굴려보기
- 친구가 다리 벌리고 서있고 공을 다리 사이 안으로 굴리기

굴러오는 공 멈추기

- 굴러오는 공을 손으로 멈추기
- 앉아서 다리 벌리고 굴러오는 공을 멈추기

공 던지기

- 서서 공을 앞으로 던지기
- 공을 빠르게 던져보기
- 공을 느리게 던져보기
- 다리 밑에서 던져보기
- 앉아서 다양한 방향으로 던지기
- 공을 훌라후프 안으로 던져 넣기
- 여러 가지 공을 바구니에 던져 넣기

공을 발로 차기

- 굴러오는 공을 발로 차기

훌라후프를 이용한 체육활동

- 훌라후프를 땅에 뉘어놓고 그 안으로 뛰어 들어갔다가 제자리로 나오기 반복
- 훌라후프 통과하기
- 훌라후프 굴리기

터널 안 기어가기

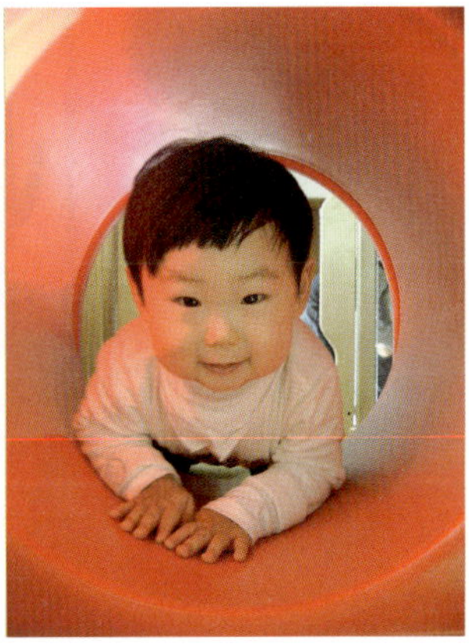

비눗방울 놀이, 계단 오르고 내리기

- 계단의 봉을 잡고 천천히 올라가는 연습을 한다.
- 계단의 봉을 잡고 천천히 내려가는 연습을 한다.

바구니에 던져 넣기

큰 바구니, 작은 바구니, 검정선, 10정도로 가볍게 던질 물체

- 활동장소에 검정색 선을 바닥에 붙여 준비한다.
- 양말은 돌돌 말아 뒤집어 준비한다.

1. 유아를 초대해 활동명을 알려준다.
2. 바구니에 있는 양말을 한 개씩 꺼내 큰 바구니에 던진다.
3. 바구니 주위에 떨어진 양말들은 한 개씩 바구니에 담아 다시 던진다.
4. 큰 바구니에 있는 양말을 다시 작은 바구니로 모두 옮긴다.
5. 유아에게 권유한다.

음악교육

한 아기가 태어나면 그 후의 시간은 완전히 달라진다. 이 새로운 기쁨의 순간을 맞이한 가족은 새 식구인 아기와 시간을 함께 보내는 새로운 방법을 배우기 시작한다(다정하게 속삭이기, 옹알거리기, 자장가 부르기, 소리 내어 웃기, 미소 짓기는 물론 젖 먹이기와 목욕시키기도 있다). 아기와 이렇게 몇 년을 지내면, 어느새 아기는 성장하여 유아반, 유치원 등, 교실을 깔깔대며 몸을 흔들고 돌아다니는 아기로 변해 있다.

우리는 예로부터 직감적으로 사회의 가장 어린 구성원인 아기에게도 음악은 매우 유익한 것임을 알고 있었다. 이제 생후 3년간이 아기 성장에 중요하다는 새로운 연구 덕분에 우리는 짐작만 하던 것을 과학적인 증거를 통해 보충하기 시작하였다.

- 음악은 예술에 대한 감상력을 키워주며, 이것은 일생 동안 유지된다.
- 음악은 너무나 즐거운 것이다!
- 노래하기, 악기 연주하기, 율동 그리고 음악감상 등을 통해 정규 음악교육을 위한 전 단계 학습을 제공할 수 있다.
- 음악은 인간과 그들의 문화를 연계하여 서로를 이해할 수 있게 해준다.
- 음악은 전에는 우리에게 알려져 있지 않던 두뇌발달의 양식을 확립해 준다.
- 음악은 언어발달에 결정적인 역할을 한다.
- 율동과 함께하는 음악은 읽고 쓰기를 알게 되는데 절대적인 역할을 한다.
- 음악은 문제해결을 위한 필수적인 도구를 제공해 준다.
- 음악은 감정적인 유대와 자부심을 길러준다.
- 음악과 함께하는 활동들은 눈을 발달시켜 준다.
- 그밖에도 여러 가지가 있지만 걸음마 단계에 있는 아기들에 대한 음악교육의 이러한 효과들을 알려주고 주장함으로써 아기의 신체, 두뇌 그리고 정신이 서로 작용하는 종합적인 성장발달을 강조한다. 즉, 음악이 어떤 변화를 일으킨다는 것이다!

이 연령의 아기들은 엄청난 양의 개별적인 주의가 필요하다. 그들은 적극적으로 자신이 무엇을 할 것인지 그리고 어떻게 그것을 할 것인지를 선택하여야만 한다. 이런 이유로 음악활동을 통해 아기가 탐험하고 배우는 것을 도와줄 수 있도록 충분한 시간을 제공해 준다. 서두르지 않고 자신만의 독특한 방법으로 아기와 놀고, 춤추고, 노래할 기회가 충분히 있다. 아기들이 자신의 인생에서 "발판(scaffolding)"을 이용해 독립적으로 사고할 수 있도록 도울 수 있게 해주는 것이 가장 중요한 목표다.

1 노래하기 및 영창

노래하기는 시간이 오래 걸리는 음악공부로써 아기의 출생과 함께 시작되며, 아기가 자기가 속한 환경 속에 있는 소리들의 성질과 특성을 주의 깊게 관찰하면서 발달하는 것이다. 신생아는 그의 첫 노래 경험을 진정 넋을 잃고 들었을 것이다. 목 근육의 발달이 미숙하여 소리의 화음은 낼 수 없지만 귀는 이미 소리들이 서로 다르다는 것을 구별할 수 있다. 부모 · 교사의 역할은 아기의 소리 만드는 능력을 키워줌과 함께 그가 듣는 소리 세계에서 모든 종류의 음악 소리들을 계속 유지해 주는 것이다. 이렇게 소리를 내는 물건에 대한 탐구와 적합한 동작과의 결합은 나아가 분명하게 말하기, 대화, 그리고 가창력 발달의 기초를 제공해 준다.

1세 반에서 3세 사이의 아기들 대부분은 일단의 음악전문가들이 "노래에 접근" 했다고 부르는 음성발달 단계에 있다. 아기들은 먼저 단어, 어구, 또는 음성의 조절을 "흉내" 내려고 할 것이다. 하지만 노래하는 동작과 정확히 조화를 이루는 일이 거의 일어나지 않기 때문에 노래하기가 쉽지는 않다. 따라서 차라리 아기들은 내용과 상관없이 음을 따라하기 시작하며, 혼자 놀 때 자신의 주위에서 들을 수 있는 소리에서 오는 박자와 그 일부를 이용하여 노래를 하거나 흥얼거린다. 부모들에게 이러한 "음악적 놀이"의 중요성을 강조하는 것은 매우 중요한데 왜냐하면 아기는 이런 "놀이"를 통하여 노래를 만들어내는 목 근육을 자유로이 구사하게 되며, 말하는 것과는 다른 종류의 소리를 만들어낼 수 있다는 것을 깨닫게 되기 때문이다.

"노래가 풍부한 환경"을 경험하고 자라난 아기들은 두 살이 되면 라조에서 가조 사이에 있는 노래들을 처음부터 끝까지 부를 수 있다. 다른 아기들에게 이런 일은 세 살 또는 네 살이 되어도 일어나기 어려운 일이다. 오직 놀이를 통해서, 그리고 해내야 한다는 압력 없이 노래의 즐거움을 경험함으로써만 아기들은 자신의 온전한 소리영역과 가창력을 발달시킬 수 있다. 더구나 다른 아기들과 이런 경험을 같이 한다면 이것은 그 자체의 즐거움뿐만 아니라 다른 형태의 인간적 표현과 대화라는 양쪽 측면에서 다 같이 가치 있는 일이 된다.

2 노래의 종류

동작과 듣기가 통합된 노래 부르기는 수업의 기본 개념이다. 노래들은 주제의 연속성, 아기들이 악보, 리듬, 음조를 이해할 수 있는 것, 그리고 동작과의 연결 가능성 등을 생각하며 선택된 것이다. 노래의 종류는

- 각 유아의 이름을 불러주며 인사하는 특별한 "환영"의 노래
- 유아들이 함께 부르기(합창)를 격려해 주기 위한 일련의 노래들
- 장조와 단조의 노래들과 특이한 음계의 노래들
- 몸을 흔들어 재워주는 자장가들
- 동작과 신체의 상호작용을 도와주는 춤곡들
- 감상을 위한 노래들
- 다양한 박자의 노래들
- 단순한 단어와 반복적인 음의 노래들
- 부르고 대답하는 형식의 노래들
- 악기와 보조도구들을 탐구하고 가지고 놀 때 필요한 노래들
- 가사가 있거나 없는 노래들
- 다양한 문화의 노래들
- 음성의 표현력을 키우기 위한 말놀이들과 손가락 놀이들
- 유아가 다양한 범위의 목소리 영역을 탐구할 수 있도록 선택된 노래들이 있다.

3 발성놀이

발성놀이를 통해서 유아들은 모음과 자음 만들기, 단어와 구 읽기를 배우고, 박자와 억양을 흉내 내게 된다. 또한 발성놀이를 통하여 유아들은 운율, 음조, 그리고 선율을 표현하는 감각을 얻게 되며, 나아가 호흡법, 순서대로 말하기, 그리고 몸으로 대화하는 방법을 배우게 된다. 이렇게 사랑이 가득한 반응이 오가면 아기는 더 많은 놀이를

하고 싶어하게 되고, 새로 배운 것을 함께 나눔으로써 격려를 받고 자부심이 생기게 되는 것이다.

발성놀이는 수업시간에 하는 노래, 말놀이, 활동과 연결하여 제공된다. 멜로디가 있거나 없는 간단한 형태의 노래를 하면서 교사가 말을 하면 유아들은 흉내를 낸다. 이런 방식으로 단어, 자음, 박자, 억양 또는 시간을 바꿈으로써 다양하게 변화시킬 수 있다. 처음에는 교사들이 대부분의 변화를 주도한다. 나중에는 유아가 변형을 시도해 보도록 한다. 이렇게 변형을 주고받으면서 유아에게는 본능적으로 박자 맞추기, 속도, 반복진행, 형식, 음조, 어형 등의 기본적인 음악적 개념을 이해하게 되는 것이다. 그 후 유아는 일상적인 놀이를 통해 배운 새로운 개념들을 이용하여 자기 자신의 새로운 리듬, 억양, 어구, 이야기와 노래들을 만들어내게 된다. 이런 종류의 놀이는 유아의 청취력도 같이 발달시켜 주고 그 결과 유아의 귀는 아주 새로운 노래도 쉽게 들을 수 있게 된다. 유아는 놀이로부터 자신에게 의미 있는 것을 이끌어내어 그것을 반복함으로써 이해하기 시작하고 창조하기 시작하는 것이다.

리듬놀이는 단어와 어구의 리듬을 변형시키는 것을 중심으로 한다. 어구를 노래나 동시에서 선택한 뒤 내용에 나오는 대로 제시한다. 예를 들어 "반짝 반짝 작은별" 이라는 노래에서 "작은" 이라는 리듬을 골라서 아기들에게 교사를 따라 "작은 별" 을 반복해서 따라하게 한다. 그런 다음 이 어구의 속도, 억양, 또는 음량 등을 변형시킬 수 있을 것이다. 아니면 "작은, 작은, 작은 별" 또는 "반짝, 반짝" 으로 바꾸거나 어구의 리듬을 과장해 볼 수도 있다.

멜로디 놀이는 음조를 맞추기 위해 기초가 되는 노래의 멜로디 어구에 중심을 맞춘다. 같은 "반짝 반짝 작은별" 노래에서 여러분은 "작은 별" 이나 "반짝, 반짝" 의 멜로디 부분을 선택하여 메아리처럼 반복할 수 있다. 또한 이런 반복을 단어를 바꿔서 또는 속도를 바꿔서(예 느리게 또는 빠르게), 아니면 조부호를(음조의 중심을 더 높이거나 더 낮추거나 해서) 바꾸는 등 변형을 해 나갈 수 있다.

4 발성놀이를 지도하는 방법

- 학급 전체와 함께 흉내 내기 게임으로 시작한다.
- 어구 한 가지를 말하고 학급에게 그룹 단위로 교사를 따라하게 한다.

- 목소리 표현을 매우 풍부하게 한다(높게, 낮게, 재미있게, 빠르게, 느리게, 콧소리로, 크게 등).
- 유아들과 눈을 많이 맞추고, 다양한 표정과 과장된 몸짓을 사용한다.
- 계속 관찰하면서 감정적으로 동참하도록 한다.

5 탐험시간(Exploration Time)

탐험시간은 수업시간에 교사가 유아와 1대1로 노는 또 다른 시간이다. 이 탐험의 대상은 매우 다양하다(고리, 달걀 거품기, 리듬스틱, 스카프, 그 외 여러 가지가 있다).

스위스의 심리학자 장 피아제(Jean Piaget)에 의하면 이 성장 단계에 있는 어린이들은 감각을 통해 학습을 지속한다고 한다. 음악활동을 배우는 아이들도 감각운동기

(Sensory-motor Stage : 2세까지 계속된다)에 있거나 전조작기(Pre-operational Stage : 2세~약 7세)로 들어가고 있는 단계에 있다.

이 어린 아기들은 모든 것을 보고, 듣고, 만져야 한다. 또한 그것들을 마음대로 조작할 수 있어야 한다(밀고, 당기고, 던지고, 숨기고, 찾고, 다른 사람한테 주어버리고, 다시 되찾아 오는 등). 그들은 "이게 뭐에 쓰는 물건이지?" 또 "이걸로 무엇을 해볼까?"를 알아내야만 한다. 그들이 이 두 가지 질문에 대한 대답을 찾으면 기본적인 인식이 발달하고 있는 것이다(문제를 해결하기, 기억력을 발달시키기, 순서 만들기, 원인과 결과 알아내기 등). 전조작기에 있는 유아들은 흉내 내기, 분류하기, 가려내기 등을 시작한다. 이들에게는 다른 사람의 관점에서 사물을 보는 정신적인 작업은 아직 어렵다. 감각운동기와 전조작기의 아동들은 모두 빠르다/느리다, 높다/낮다, 크다/작다, 같다/다르다 등과 같이 볼 수 있고, 촉각으로 알 수 있고, 운동감각적으로 알 수 있는 경험을 충분히 해야 하며 이를 통해 인지력이 발달하게 된다.

탐험시간은 교사가 유아들을 다정하게 이끌어 줄 수 있도록 해주는 시간이다. 교사는 다음과 같은 질문들을 하도록 한다("이 막대기로 뭘 해볼까?", 그런 다음 아기의 언어 수준에 맞춰 "너 정말 빨리 칠 수 있구나! 이번에는 살살 쳐볼까?", 다음에는 새로운 시도를 해본다. "등 뒤로도 칠 수 있는지 궁금한데? 한 번 해볼래?", 그리고 연상을 할 수 있도록 도와준다. "저것들을 먹을 수 있을까? 당근처럼? 꼭 당근처럼 생겼구나").

아기들이 악기를 탐험하는 것은 처음에는 구조, 크기, 모양, 무게 그리고 작동 등에 대한 것이다. 두 번째로는 소리에 대한 탐험을 하게 된다(특이한 음색, 소리의 길이, 소리의 크기 등). 충분히 악기들을 탐험할 시간을 보내야만 아기들은 그것들을 함께 연주해 보거나, 박자, 리듬, 멜로디에 대한 잠재적인 가능성을 발견할 수 있게 된다.

6 동작을 통한 활동

동작과 감각인식은 모든 유아가 자신과 자신이 속한 세계를 배우는 최초의 수단이다. 그들은 언어와 동작을 연결하기 전에 동작을 내면화한다.

예를 들어, 아기는 "위"와 "아래"라는 단어를 알기 전에 몸을 위로 아래로 움직인다. 언어를 알게 되어도 동작은 여전히 언어에 연결되어 있다. 유아는 동작을 보여주지 않고는 "위"나 "아래"라는 말을 할 수 없다. 유아가 성장해 감에 따라 결국 언어가

지배하게 되고 동작은 더 이상 보이지 않게 된다. 그러나 동작은 여전히 내부에 존재하고 있다.

지난 수십 년 동안 사회는 동작의 발달이 인지발달과 보조를 맞추지 않는 생활양식을 만들어내었다. 아이들은 낮 동안 어른들과 같이 다닐 때 안겨 있거나, 유모차에 앉혀진다. 또 그들은 어린이용 의자, 보행기, 차량용 의자, 테두리가 쳐진 유아용 놀이터에 갇혀 있다. 특히 그들을 데리고 다니는 어른들조차 운동능력이 저하되어 있으며 육체적으로 건강한 상태를 유지하지 못 하고, 심지어 운동의 중요성에 대해서도 잘 알지 못한다. 더구나 지시적인 언어와 연결된 동작은 흔히 대부분의 가정들이 대화에 무관심해지고 텔레비전, 라디오, CD플레이어, 팩스 기계와 휴대폰 등에 관심을 쏟음으로써 실종되고 있다. 그 결과, 유아원이나 유치원에 들어가는 많은 아이들이 그들의 몸이 무엇을 할 수 있는지에 대해 인식하지 못하고 있고 팔, 다리, 손가락의 조절능력이 저하되어 전반적인 운동근육 발달이 필요한 상태이다.

동작을 통한 활동은 다양한 기회를 제공해 준다. 많은 동작들이 노래하고 말놀이를 할 때 이루어지며, 어떤 것들은 녹음된 음악을 들을 때 이루어진다.

- **신체의 인식** : 신체를 탐험하기 위한 손가락 놀이, 노래와 말놀이 등이 포함된다. 많은 활동들이 몸을 만지면서 그것의 이름을 부르는 동작을 포함한다. 코를 만지면서 "코"라고 말하는 것은 이 정도 나이의 유아들에게는 매우 중요한 감각학습의 한 예이다.
- **동시 발생적 동작** : 박자감각의 발달은 자신 내부의 규칙적인 박자와 맞지 않는 외부의 규칙적인 박자를 듣고 느끼는 학습을 통해 이루어진다. 이러한 듣기-느끼기의 연결은 몸을 흔들어 주거나, 노래를 해줄 때, 노래하는 동안 등이나 다리를 토닥여 줄 때 일어난다. 이것은 자연스럽게 계속 말하기의 발달, 공을 튀기면서 걷거나 가위 사용능력 등을 키워준다. 이러한 규칙적인 박자에 대한 감각을 통해 그룹과 함께 노래하고, 춤추고, 악기를 가지고 놀 수 있게 된다. 이것은 또한 감각이 그룹에 정서적으로 연결되도록 도와준다.
- **공간의 탐험** : 유아들의 공간감각을 키워준다는 것은 그들이 개인적인 또한 전체적인 공간과 자신 신체와의 관계를 이해하도록-"어디에"와 "어떻게"라는 동작들을 통해-도와주는 것을 의미한다. 돌아서/통해서, 위로/아래로, 넘어서/밑으

로, 안으로/밖으로 등 공간을 탐험할 수 있는 기회를 제공해 준다. 또한 동작의 속도(빠르게/느리게), 동작의 방향(이쪽/저쪽), 동작의 경로(똑바로/돌아서), 동작의 크기(크게/작게) 등을 구별하는 기회도 제공한다. 나아가 이리저리 움직이는 동작(공간을 통해 돌아다니기)과 고정동작(어느 한 장소에 가만히 있기)도 연습한다.

- **표현적인 동작** : 표현적인 동작은 아기가 다른 사람이 보여 주는 감정들, 기분, 또는 연기적인 동작, 동물의 움직임 등 본보기가 있는 동작들을 관찰하고 흉내냄으로써 시작된다. 유아기의 표현적인 동작은 유아의 동작종류가 많아지고, 신체적 감각이 표면으로 나타나고, 상상력이 폭발할 때 비로소 나타나게 된다. 우리가 그들이 물 위의 백조처럼 조용히 다니거나 무당벌레처럼 가만히 쉬어주길 바라는데도 불구하고 유아가 달리는 것은 흥분했다는 표현적인 동작의 한 예이다. 달리기는 아마도 아기가 아는 몇 개 안 되는 동작 중의 하나일 것이다. 유아들이 다른 표현적인 방법으로 움직일 수 있게 격려하려면 어른들이 많은 표현적인 동작들의 보기를, 아기들이 자신의 몸이 공간을 통해서 움직인다는 것(깡충 뛰기, 날기, 뛰어 달아나기, 높게/낮게, 빠르게/느리게, 앞으로/뒤로, 돌아서/똑바로 등)을 알 수 있는 다양한 방법으로, 그리고 다양한 영감과 동기(책, 음악)도 제공해 주어야 한다. 스카프와 다른 교구들의 사용은 자극을 제공하고 자유로운 동작을 촉진한다. 그러나 표현적인 동작을 위해 항상 스카프만 사용하는 것은 아니다. 교구들은 유아들이 자유로운 만큼 그들을 제한할 수 있기 때문이다. 표현적인 동작은 심미적인 감각의 성장을 도와준다. 전체적인 참여감각, 소속되기, 자신을 벗어나는 변화 등, 교사들이 이것을 유아들에게 제공해 주면 그들은 기꺼이 유일무이한 독특한 인간이 되는 것이 어떤 것인가를 보여주며, 또한 끝없이 발전하는 우리의 기술사회 속에서 "예술"이 귀중한 자리를 차지한다는 것을 보여준다.

유아가 동작을 결정하도록 끌어들이는 데는 여러 가지 방법이 있으며 교사들이 아기와 함께 이 과정에 상호작용하도록 격려해 준다.

- 다음과 같이 학습할 때 상호교환의 기회가 되는 질문들을 한다.
  너의 발을 움직일 수 있니?

너의 발을 어떻게 다르게 움직일 수 있지?

그밖에 또 뭘 움직일 수 있을까?

- 다음과 같이 발판의 기회가 되는 관찰들을 한다.

너의 발이 매우 천천히 움직이는 것이 보이는구나.

그런 식으로 빨리 움직일 수 있니?

- 다른 시도를 해본다.

우리가 아주 높이 깡충 뛸 수 있을까?

내 생각엔 우리가 같이 넘어질 수도 있을 것 같은데?

7 적극적인 듣기

"듣는 것은 기능이고 감상은 예술"이란 말이 있다. 더 나아가 음악은 귀로 듣는 예술이다. 지각을 하면서 듣는 감상은 음악적인 이해력의 정수라고 말하는 것도 의미가 있는 말이다. 감상은 음악을 이해하는 "방법"이다. 그리고 어린 아기들은 "타고난" 음악 감상자들이다. 연구결과를 보면 신생아조차도 음악을 경청하여 들을 수 있으며, 자기 수준에 맞게 잘 들을 수 있으며, 소리를 구별할 수 있고, 그 출처를 찾으려고 한다. 생후 몇 개월 된 아기는 동작을 멈추고 노래나 악기소리에 주의를 고정시킨다. 지각하고 듣는 귀와 주의집중에 필수적인 태도를 발달시키는 것이 음악교육과정의 목표이다.

- 시작할 때 부르는 인사 노래에서 자신의 이름을 듣는다.
- 신체의 부위에 집중하는 새로운 말놀이를 배운다.
- 동작을 "멈추라"는 신호를 듣는다.
- 동작을 "시작하라"는 신호를 듣는다.
- 발성놀이를 할 때 흉내 내야 할 내용을 듣는다.
- 악기 소리를 듣는다.
- 이야기를 듣는다.

또한 수업시간에는 적극적인 듣기라고 부르는 특별한 활동이 포함되어 있어야 한다. 보이지는 않고 단지 들리기만 하는 무언가에 주의를 집중하는 이런 종류의 듣기에는 교사의 특별한 접근이 필요하다. 아이의 일상적인 환경 속에서 흔히 발견되는 것들의 소리를 CD에 담는 것이 좋으며 물소리, 개 짖는 소리, 자동차의 경적소리 등이 있다. 어떤 소리들은 익숙하지 "않은" 것들도 있어야 한다. 코끼리의 소리나 말이 달리는 소리 등, 일반적으로 이러한 적극적인 듣기의 소리들은 배울 노래의 주제와 직접적으로 관련된 것이다.

8 적극적인 듣기의 지도

- 아기들을 CD플레이어가 있는 주변에 가까이 모여들게 한다. 가능하면 CD플레이어는 작고, 건전지를 사용하여 손으로 들고 다닐 수 있는 것이 좋다.
- 아기들에게 여러분이 "(소리의 이름)의 소리" 놀이를 할 것이라고 말한다.
  소리는 그들의 생활경험과 관련된 것으로 한다. 필요하다면 그림을 보여준다.
- 소리를 들려주는 약 10초간 모두들 아주 조용히, 가만히 있도록 한다.
  교사 자신도 그동안에는 말을 하지 않는다.
- 과장된 몸짓, 눈 맞춤, 그리고 표정 등으로 오랫동안 주의를 집중하도록 한다.
- 멈춤 버튼을 누르고 나서, 아기들에게 소리를 따라하거나, 관련된 동작을 해보도록 유도한다.
- 필요한 만큼 반복해서 들려주고, 그때마다 소리의 이름을 말해 주며, 조용히 들을 것과 소리나 동작으로 반응을 유도한다.

9 교사의 자세

- 관찰할 필요성을 인식하고 있어야 한다.
- 아기들 성장에 대한 전반적인 지식에 대하여 이야기를 나눌 능력이 있어야 한다.
- 완벽한 준비를 하고 자신 있는 모습으로 활동을 소개하여야 한다.
- 학습의 기초를 분명히 이해하고 이 정보를 분명하게, 계속적으로, 확신을 가지고 진행해야 한다.
- 자신을 알고(힘과 한계), 능숙한 교사가 되기 위한 과정으로 연습을 통해 끊임없는 자기 훈련에 전념해야 한다.
- 교사의 태도와 열정은 교실 안에서의 수업을 성공적으로 이끄는데 결정적이다.
- 즐겁고, 여유 있으며, 주의 깊고, 순응적이고 아기들 각자의 특이한 몸짓, 성장과 발달, 기쁨과 호기심 등에 관심을 보이는 것이 좋다.

10 교실의 분위기

11 교실에서 필요한 교구들

교실 안에서 필요한 악기와 받침대들은 바구니나 상자 속에 넣어둔다.

- CD플레이어는 아기들의 손이 닿지 않는 곳에 둔다.
- 카펫은 미끄러지는 것을 방해한다. 선택이 가능하다면 단단한 나무 바닥이나 타일 바닥이 좋다.
- 바닥에 인공적으로 길을 내거나 원을 그려놓는 것은 바람직하지 않다. 교사와 아이들은 자연스럽게 모여서 원을 만든다.
- 나이에 알맞은 책을 담은 바구니를 바닥에 놓아두어서 아기들 모두가 모여서 읽을 수 있도록 한다.

1세 반에서 3세 아동의 발달에 관하여

아동의 학습과 발달에 대한 이해는 성공적인 교육을 위한 열쇠다. 아동의 발달에 관한 저술, 성장발달 도표연구는 수 없이 많이 이루어졌다. 아래의 간략한 기술은 몇 가지 성장발달의 분기점에 대해 개략적으로 논한 것이다.

음악교육은 성장의 5가지 영역인 육체적, 감성적, 인식적, 사회적 및 언어적 성장에 중점을 두고 있다. 또한 발성, 듣기, 동작 영역에서의 음악적 발달이 노래 부르기, 음악적 해석능력 및 리듬과 선과 형태를 이해하는 문제해결 능력뿐만 아니라 나아가 악기 연주에 요구되는 조정능력으로 변환되는 특성에 대해서도 분석한다. 교사의 목표는 이러한 음악적 성취를 이루고 걸음마 단계의 아기들이 음악적 성장을 위한 발전 단계를 거칠 수 있도록 하는 것이다. 이러한 음악적 성장은 그 성과를 평가하고자 하는 음악교사들에게 즉각적으로 보여지는 것은 아니다. 1세 반에서 3세 아기들의 학습 특성에 대한 이해가 교사들을 도와줄 것이다. 이 연령대의 아기들은 서로 뒤얽히고 통합된 방법을 통하여 배운다.

① 아동발달의 영역인 신체적, 사회적, 감성적, 및 인식적 분야들은 상호 밀접하게 관련이 있다. 한 영역의 발달은 다른 영역의 발달에 영향을 주거나 받는다.

예 말이 늘어가는 아기는 사회적으로 더 많이 참여하게 되고, 따라서 사회적, 감성적 발달이 증진되는 것을 알 수 있다.

② 발달은 절대적인 순서를 가지고 이루어지며, 나중에 생기는 능력과 지식은 이전에 얻어진 것을 기초로 하고 있다.

예 아기는 걷기 위해서 먼저 균형을 잡고 설 수 있어야 한다.

③ 발달은 아기들에 따라 다르게 진행되며, 동시에 각 아기마다 서로 다른 영역에서 기능이 다르게 발전한다. 아기는 집단 기준의 구성원일 뿐만 아니라 자기 자신만의 독특한 인격, 감정, 학습 스타일, 경험, 가족적 배경을 가지고 있다. 두 가지가 모두 고려되어야 한다.

④ 초기 경험들은 어린이 각자의 성장에 집적되며 그 결과는 나중에 나타난다. 특정

형태의 발달과 학습에는 최적의 시기가 있다.

예 생후 처음 3년간의 사회적 감각운동의 경험은 두뇌의 신경학적 발달에 영향을 미치며, 아기의 학습능력에 중대하고도 결정적인 관련이 있다(Dana Alliance for Brain Initiatives, 1996).

예 생후 처음 3년간은 언어발달에 최적의 시기이다.

⑤ 발달은 더욱 복잡한 조직화 및 내면화라는 예정된 방향으로 진행된다.

예 유아들은 행동적인 지식으로부터 상징적이며 표현적인 지식으로 진행한다(Bruner, 1983). 위 · 아래로 움직인 다음 위 · 아래라고 말하며, 그 이후에 위 · 아래라는 단어를 읽게 된다.

⑥ 성장과 학습은 복합적인 사회적, 문화적 범주 속에서 발생하거나 이로부터 영향을 받는다. 교사들은 그들 자신의 문화적 경험과, 그 경험이 그들이 봉사하고 있는 가족들의 경험과 어떻게 유사한지 또는 다른지를 이해하여야 한다. 이러한 복합적 경험들은 교실에서의 의사결정에서 필히 고려되어야 할 사항이다.

⑦ 유아들은 적극적인 학습자이며, 직접적인 물리적, 사회적 경험과 함께 문화적으로 전이되는 지식을 모아들여 그들 주변 세상에 대한 그들 자신의 이해를 구성한다.

⑧ 발달과 학습은 생물학적인 성숙과 유아들이 살고 있는 물리적이며 사회적인 주변 환경의 상호작용으로부터 생긴다. 최적의 발달을 위해 자연과 양육 모두가 필요하다.

⑨ 놀이는 유아들의 사회적, 감성적, 인식적 발달뿐 아니라 그들의 발달을 반영하는 중요한 수단이다.

⑩ 유아들이 새로 배운 기술을 연습할 기회를 갖거나 그들의 현재 능력 수준보다 조금 높은 도전을 경험할 때 성장은 촉진된다.

예 유아가 한번 앞으로 깡충 뛰고 나면 뒤로 깡충 뛰는 동작으로 바꾼다.

⑪ 유아들은 지식습득과 학습에 있어 다른 양식을 보여줄 뿐 아니라 그들이 알고 있는 것을 표현하는 다른 방법들을 보여준다.

예 어떤 유아는 시각으로, 또 어떤 유아는 청각으로, 또 다른 유아는 촉각으로 가장 잘 배운다. 하워드 가드너(Howard Gardner)는 이를 확장하여 영리해지는 7

가지 방법을 제안하였다 : 언어적, 수학적, 신체-근육 운동, 움직임, 대인접촉, 주관적, 음악적, 공간적 방법이 그것이다.

⑫ 유아들은 자신들이 안전함을 느끼고 가치를 인정받으며, 그들의 신체적 요구가 충족되고, 정신적으로 안심할 수 있는 사회에 속할 때 최고로 발달하고 학습한다.

예 배고픈 유아는 새로운 노래를 배울 준비가 되어 있지 않다.

유아들의 음악세계 확장

하이든(Joseph Haydn)이 영국을 방문하려고 하였을 때 어린 모차르트(Mozart)는 그에게 가지 말도록 충고하였다. 하이든은 독일어, 불어, 이탈리아어를 할 수 있었지만 영어를 몰랐기 때문이다. 모차르트에게 파파 하이든이 보인 반응은 그의 음악을 예로 들며 "하지만 전 세계가 내 언어를 이해하고 있지 않은가?", 한 세기 후에 로시니(Rossini)는 하이든의 의견을 국제적인 모국어로 받아들였다. "음악이라는 언어는 모든 세대와 국가에 통용된다. 음악은 가슴으로 이해하는 것이므로 모든 이에게 이해된다."

이 말들은 "음악, 세계 공통의 언어"라는 명제를 제시한다. 그들은 어린이들과 일하는 우리가 세계 모든 사람들과 음악적 교류를 통해 서로를 이해하는 즐거움 속으로 아기들을 이끌 수 있다는 희망과 약속을 주었다. 더 나아가, 음악 그 자체를 발견하는 거부할 수 없는 즐거움이 있으며, 유아들의 음악경험에서 문체적 가능성의 영역이 넓어질수록 표현이 풍부한 삶을 살게 될 것이다.

21세기의 유아들은 풍부한 음악적 생활을 영위한다. 그들은 다양하고 멋진 음악적 표현이 가득한 세상에서 성장하고 있으며 TV, 비디오, 복잡한 오디오 시스템으로부터 매일 다양한 음악이 홍수처럼 쏟아지고 있다. 그들 부모나 그들이 속한 사회의 취향에 따라 유아들은 이전과 다른 음악양식을 받아들일 수도 있다. 어린 시절 아기들이 겪는 음악경험에 따라 음악 레퍼토리를 습득하게 되고, 이는 그들을 일생 동안 지배하게 된다. 더 넓은 음악세계가 유아들 앞에 기다리고 있으며 음악교사, 부모, 보모들은 유아에게 이러한 경험을 제공할 열쇠를 쥐고 있다. 학습에 참여하는 모든 이에게 세계 여러 나라로부터 온 선율과 여러 문화의 소리를 폭 넓고 다양하게 제공함으로써 음악 세계를 넓혀주며 소리와 표현양식이라는 무지개로부터 유아들의 음악적 상호작용과 경험은 키워질 수 있는데 그 이유는 음악이 인류의 보편적 양상이기 때문이다. 전 세계에서, 그리고 전 역사를 통해 음악은 불려지고, 연주되고, 작곡되고, 들려지고, 사람들은 음악에 맞춰 춤추어 왔다. 음악은 문화를 한 번에 뛰어넘는 것이면서, 반면에 독특한 문화 그 자체이기도 하다. 음악은 인생의 의미 있는 한 부분으로 받아들여지면서, 한편으로는 그 음악을 대하는 사람들의 음악 스타일에 따라 다양한 소리의 요소에 대한 해석이 나온다. 유아들은 음악적 색채의 팔레트를 알 기회를 가져야 하며, 세상 사람들과 그들의 음악적 표현을 위한 창을 가져야 한다.

음악은 아이디어와 느낌을 생각하고 표현하는 수단이기 때문에 시대를 통하여 사람과 문화의 중요한 상징으로 여겨져 왔다. 실제로 문화적 동질성은 사람들이 연주하고 반응하는 음악 속에 포장되어 왔고, 그 동질성은 유아기로부터 발달되어 유아들의 삶을 통해 진행된다. 유아들의 생활은 문화적 활동의 폭 넓은 다양성을 통해 이루어지는데, 이 활동들에는 단지 음악뿐 아니라 춤, 언어, 음식, 옷, 종교, 이야기, 의례가 포함되며, 거의 항상 이러한 여러 활동들 중 몇 개가 동시에 종합적으로 얽힘으로써 이루어진다. 음악은 사람의 소리적 상징물이며, 유아들이 일찍이 배우는 음악적 모국어는 일생 동안 유지되는 힘이 있다. 모든 유아들은 가족 구성원과 매체들이 그들에게 제공하는 환경 속의 음악에 의해 성숙해 간다. 오늘날 다문화적이고 세계화된 사회 속에서 유아들이 소유한 첫 번째 음악적 문화는 다른 표현 양식들, 다양한 소리 현상들—모차르트 또는 비발디, 중국의 악기 또는 페루의 통소 등—이 주는 소리들과 자연스럽게 결합된다. 그들이 처음 듣는 음악을 가장 친밀하게 느끼지만, 그들은 이전 세대들이 결코 알 수 없는 복합적인 음악적 감성을 발달시키고 있다. 유아들은 음악적 표현의 더 많은 다양함에 자신을 조화시킬 뿐만 아니라, 우리가 상상하는 이상으로 더 많은 음악적 능력을 가지고 있다. 그들이 듣는 소리를 구성하고, 그들이 만드는 소리를 논리적이고 창조적으로 구성할 수 있는 정신적, 육체적 도구를 가지고 있다. 유아들은 통찰력 있는 청취자이며, 감각적인 연주자이며, 사려 깊은 음악의 창조자이다. 음악은 유아들로부터 갑자기 나타나고, 그들과 함께 시간을 보낼 수 있는 특권을 가진 우리는 가끔씩 그것을 듣게 된다. 음악은 그들의 생각과 몸 속에 있다. 그들은 혼자 또는 함께 의식을 가지고 음악을 듣고, 다양한 음악적 표현을 만드는 것이 확실하다. 유아들은 음악의 매력 때문에, 진정시켜 주거나 자극을 주는 속성 때문에, 그리고 그들이 이름을 붙이는 누구든, 어떤 사물이든 더 가깝게 해주기 때문에, "음악을 가지고 음악을 한다." 음악은 그들의 놀이, 사회적 활동들, 공부, 공동작업 속에 녹아있고 그들이 할 일을 할 때, 떠들거나 조용히 자신이 아는 여러 경험들에 대해 생각할 때 함께한다. 그들의 음악은 유아기 내내 지속되며, 그들은 모든 음악을 받아들이고 분석하고, 만들고, 또 음악을 통하여 생각과 느낌을 표현할 수 있는 능력을 가지고 있다.

그러므로 우리가 한때 생각했던 것과는 달리 처음 음악교육을 경험하는 유아들은 "백지상태"가 아니며, 성장의 초기 단계에서 풍부한 음악적 능력이 없는 것도 아니다. 교사, 부모, 보호자의 지도를 통하여 학습이 가속화되고 확대된다. 조직적이고 순서에 입각한 경험은 유아들의 음악적 잠재능력을 다차원적으로 현실화하는 것을 보장한다. 분명히 유아들은 자연적으로 음악에 이끌리게 되지만, 음악을 다양하게 활용하고, 그들이 음악의 심오한 의미를 알기 위하여 음악을 더 잘 알아야 하는 권리가 있다. 아기의 행복과 교육을 책임지고 있는 우리들은 아기들의 자연적인 음악성이 활짝 꽃필 수 있도록 하는 목표에 전념해야 한다.

유아들의 첫 번째 음악교육이 기존의 교육학적 방법과 동일하다 하여도 그것은 세계의 음악문화들과 유아들의 음악적 발달에 대한 우리 자신들 지식의 끊임없는 노력을 통해서 발전하고 변화한다. 첫 번째 과정으로써 음악을 비교 문화적 현상이라는 우리 자신의 이해력을 넓혀줄 수 있는 풍부한 자원들을 활용해야 한다. 우리가 나누는 음악 세계는 넓고, 다양하다. 또한 멕시코의 마리아치, 영가, 재즈, 인도네시아의 가믈란, 브라질의 삼바, 나이지리아의 주주(드럼과 기타의 퓨전 장르), 일본 · 중국 · 한국의 전통적인 궁중 음악, 아메리카 원주민의 주술의식 등과 같이 여러 가지 스타일을 포함한다. 주의 깊게 들어보면 이러한 여러 스타일들의 구성과 뉘앙스를 알 수 있다. 연구를 통해서 우리는 다양한 가능성의 스펙트럼을 넘어 음악의 의미, 기능, 그리고 가치를 만날 수 있다. 이러한 다양한 스타일을 수업의 한 단원에서 다 보여주는 것은 아니지만 그것들은 교과과정 전체에 골고루 분포되어 있어야 한다. 우리 귀에는 이상하고 낯선 이 음악들이 우리 주변 환경의 편안함과 일상으로부터 멀리 나아갈 수 있는 모험을 부추기도록 우리 귀를 자극하는 것이 우리의 희망이다.

부모, 교사, 보모가 음악적으로 풍부해지면 유아들에게도 많은 도움이 된다. 걷는 아기들은 주의 깊은 감독하에 미국 수우족(Lakota Sioux)의 짤랑이나, 가나 아칸족(Akan)의 쉐케어(호리병박을 줄줄이 꿰어서 만든 악기)에 매혹될 수 있다. 유아들은 푸에르토리코의 자장가에 감동을 받거나, 발라라이카 또는 아일랜드의 바이올린에 마음이 흔들릴 수도 있다. 그들은 또한 과테말라의 하프 리듬에 맞춰 뛰고, 유대 하시드의 전통 음률이나 서인도 제도의 칼립소에 춤춘다. 프랑스의 전통 음악을 연주하기도 하고, 스웨덴의 음절들을 가지고 까꿍놀이를 할 수도 있다. 사용되는 언어에 관계없이 아기들은 자장가, 손가락 연주, 동작 노래를 배울 수 있고, 세상의 멀리 떨어진 곳으로부터 온 노래 부르기 게임을 배울 수 있다. 음악적 성장을 위한 것과 마찬가지로, 유아들의 정신적 풍요를 책임지는 어른으로서 우리 역할의 두 번째 영역은 유아들이 이끌어주기를 바라며 서 있을 때 그들 자신의 호기심을 탐구할 수 있도록 허락하는 것이다. 음악교육은 결코 완고해서는 안 되며, 유아들이 자신의 흥미를 따를 수 없거나 그들 자신의 음악적 결정을 할 수 없도록 자유가 구속되어서는 안 된다. 합리적인 어른의 역할은 통제하고 지식이나 기량의 발전을 이끄는 환경을 조성하기보다는 학습을 촉진할 수 있도록 하는 것이므로, 유아들 뒤에 서서 가능성을 가지고 놀 수 있는 자유를 허용해야 한다. 유아들은 자신과 관련된 모든 음악적 환경으로부터 다양한 의미를 이끌어 낼 수 있으며, 이들을 지켜보고 들어주는 어른들은 아기들의 욕구나 흥미를 최선으로 도와주는 진정한 중재능력을 개발하게 될 것이다.

유아들의 음악적 현주소와 그들이(상호반응적인 경험과 풍부한 환경을 통해) 음악적으로 되어 가는 모습을 어른들이 지켜보는 가운데 유아들에게 친숙한 음악과 새로운 음악 사이의 마술적인 균형이 이루어질 때 유아들의 음악적 발달은 가장 성공적인 것이 된다.

참고문헌

배진영 · 송미령 · 이성욱 · 왕기은(1999). 몬테소리 일상생활 영역. 서울 : 창지사.

____________________(1998). 몬테소리 감각영역. 서울 : 창지사.

____________________(2006). 몬테소리 수영역. 서울 : 창지사.

____________________(2003). 몬테소리 언어영역. 서울 : 창지사.

____________________(2003). 몬테소리 교육. 서울 : 정민사.

A. Montagu(1981). *Growing young.* New York : Mcgraw-hill.

John Chattin-McNichols(1992). *The Montessori Controversy.* Delma.

Maria Montessori(1946). *Education For a New World.*

__________(1948). *The Discovery of Child.*

__________(1955). *The Formation of man.*

__________(1961). *The Absorbent Mind.*

__________(1972). *Peace and Education.*

paula Polk Lillard(1996). *Montessori Today.* Schocken Books.

Silvana Quatttocchi Montanaro(1991). *Understanding the human Being.* Nienhuis.

저자소개

송미령

Xavier 대학교 대학원 교육학 석사
미국 몬테소리 교사 자격증
현 : 주) 밤비니 교육센터 대표
분홍탑 몬테소리 (PMI)연구소 연구원
한국 몬테소리 교육연구회 (KOMA) 상임연구원
한국 몬테소리 총연합회 이사

전 : 국제 몬테소리 유치원 원감 역임
경기대학교 겸임교수 역임
포항 제 1대학 강사 역임
명지대학교 강사역임

저서 및 역서

동물에 관한 모든 것 (다음세대, 1994년)
몬테소리 대전집 (12권 : 프뢰벨사, 1995년))
마리아 몬테소리 "새로운 세계를 위한 교육", "교육과 평화" (보육사, 1996년)
몬테소리 일상생활 영역 공저 (창지사, 1999년)
몬테소리 감각 영역 공저 (창지사, 1998년)
유아기 부모를 위한 핸드북 (창지사, 2002년)
몬테소리 언어 영역 공저 (창지사, 2003년)
몬테소리 수 영역 공저 (창지사, 2006년)
몬테소리 문화 영역 공저 (창지사, 2008년)

생후 3년 동안의 중요성과
몬테소리 교육의 실제

초판 1쇄 인쇄 2009년 6월 3일
초판 1쇄 발행 2009년 6월 8일

지 은 이 | 송미령
펴 낸 이 | 김기섭
책임편집 | 박연순
펴 낸 곳 | 창지사 www.changjisa.com
121-809 서울시 마포구 대흥동 161
전화 (02)719-2211~3
팩스 (02)701-9386
등 록 | 1977년 4월 28일 · 제1-421호

ⓒ 송미령, 2009
• 이 책 내용의 전부 또는 일부를 재사용하려면
저작권자와 창지사 양측의 동의를 받아야 합니다.
• 저자와 협의하여 인지는 생략합니다.

ISBN 978-89-426-0527-9 (93370)

값 14,000원